ABA en imágenes

Una guía visual
para padres y maestros

MORGAN VAN DIEPEN, BCBA
BOUDEWIJN VAN DIEPEN

Revisión técnica de
JAVIER VIRUÉS ORTEGA, BCBA-D
Universidad Autónoma de Madrid
The University of Auckland

Agradecimientos

Quisiéramos primero agradecer a nuestra ilustradora, Saliha, su ayuda en el desarrollo de las representaciones visuales de las estrategias conductuales recogidas en el libro. Su inestimable contribución ha permitido capturar visualmente detalles y emociones, facilitando así la comprensión del lector al permitir relacionar conceptos e imágenes. Nuestro agradecimiento también a Anesa, quien aportó una perspectiva única como analista de conducta y como madre. Su participación ha hecho posible que el libro sea asequible a una audiencia amplia y diversa. Agradecemos también a Wynne e Igor la revisión detallada de cada parte integral del libro contribuyendo a nuestra satisfacción con el producto final. También estamos agradecidos a los muchos voluntarios que han revisado el libro y a sus importantes sugerencias de mejora. Quisiéramos también mencionar el apoyo prestado por ABA España en hacer realidad esta edición en español con unos estándares de calidad fieles a la obra original. Por último, nos gustaría reconocer el apoyo de nuestros amigos y familiares, por su aliento a lo largo de este proyecto.

Publicado por primera vez en 2021

ABA en imágenes es un producto de Studio van Diepen LLC

Derechos de autor © Studio van Diepen LLC, 2021

Escrito por:
Morgan van Diepen

Diseño y Arte Dirección por:
Boudewijn van Diepen

Ilustraciones/Infografías por:
Boudewijn van Diepen, Saliha Caliskan

Revisores:
Wynne Kemmeries, Igor Kana

Traducción al español y revisión técnica:
Javier Virués Ortega

Traducción preliminar
Sonia Saavedra

www.ABAvisualized.com
info@ABAvisualized.com

www.StudiovanDiepen.com
mail@StudiovanDiepen.com

ISBN: 978-0-578-93760-1
Impreso de forma sostenible por Lightning Source

Contenidos

Introducción
- 16 ABA
- 17 El autismo y otros trastornos
- 22 Descripción general del libro
- 24 Resumen de estrategias

Fundamentos de ABA
- 28 Introducción
- 33 Funciones de la conducta
- 40 Reforzamiento

Estrategias proactivas
- 50 Introducción
- 54 Modificar el entorno
- 56 *Priming* conductual
- 58 Sí ..., entonces ...
- 60 Fácil, fácil, difícil
- 62 Dar opciones

Estrategias reactivas
- 66 Introducción
- 68 Instrucción-demostración-guía física
- 70 Economía de fichas
- 72 Enseñar conductas alternativas
- 74 Extinción funcional
- 78 Bloqueo del problema de conducta
- 80 Manejo de la conducta repetitiva

Enseñanza de nuevas habilidades
- 84 Introducción
- 86 Emparejamiento
- 88 Enseñanza naturalizada
- 90 Dividir habilidades
- 92 Resolución de problemas I
- 94 Resolución de problemas: II
- 96 Moldeamiento & desvaneciendo
- 98 Modelado
- 100 Generalización
- 102 Habilidades de juego
- 104 Atención conjunta
- 106 Enseñar a pedir

Integración de estrategias
- 110 Introducción
- 112 Apagar dispositivos electrónicos
- 114 Mantenerse en la tarea
- 116 Interrupciones en clase
- 118 Compartir juguetes
- 120 Tolerar el "no" y aprender a esperar
- 122 Aceptar nuevos alimentos
- 124 Seguir instrucciones
- 126 Transiciones
- 128 Aprender información personal
- 130 Aprender a hablar

Herramientas
- 134 Introducción
- 136 Economía de fichas
- 138 Contrato conductual
- 140 Programas visuales de actividades
- 142 Análisis de tareas
- 144 Tarjetas para iniciar oraciones
- 146 Recurso visual "Sí ..., entonces ..."

Recursos
- 150 Productos recomendados
- 152 Referencias
- 156 Índice

Nota de los Autores

Este libro fue creado con el deseo de ayudar a padres y maestros a aprender estrategias eficaces que, a su vez, mejorasen las habilidades de sus hijos y estudiantes. Aunque existen recursos fantásticos disponibles para el manejo de conductas, nuestro objetivo específico fue el de enseñar estas estrategias de una manera que fuera fácil de aprender y fácil de recordar. Al visualizar estrategias que se han demostrado eficaces a través de la investigación, esperamos que los conceptos sean ahora fáciles de comprender y relevantes a las necesidades particulares del lector. Esperamos también que este libro le dé confianza cuando ponga en práctica las habilidades descritas en él en aras al crecimiento de su hijo o estudiante.

Gracias,
Morgan y Boudewijn van Diepen

Sobre los autores

Morgan van Diepen

Morgan es analista de conducta certificada (BCBA) con más de diez años de experiencia en análisis aplicado de conducta (ABA). Se inició como terapeuta de intervención individualizada, trabajando en el contexto doméstico y escolar. Pronto se dio cuenta de su pasión por producir un impacto positivo en las vidas de sus estudiantes. Con más experiencia y formación, Morgan comenzó también a entrenar a padres y maestros en el uso de estrategias ABA, permitiéndoles así apoyar las necesidades individuales y calidad de vida de sus hijos y estudiantes. Morgan ha realizado investigación sobre el uso de imágenes para facilitar el aprendizaje de padres de familias inmigrantes y ha presentado su trabajo en la conferencia de Association for Behavior Analysis International en 2019. Morgan es una activista a favor de la provisión de servicios conductuales accesibles a familias y maestros.

Boudewijn van Diepen

Boudewijn es un diseñador infográfico premiado que aborda cada proyecto desde una perspectiva original. Su capacidad para representar visualmente información compleja de manera comprensible y estéticamente atractiva se evidencia a través de sus más de siete años de experiencia. Boudewijn a realizado proyectos para diversos clientes, desde agencias gubernamentales hasta organizaciones sin fines de lucro. A Boudewijn le apasiona utilizar su creatividad para hacer del mundo un lugar más accesible.

Nuestro objetivo

Como proveedor de servicios de análisis aplicado de conducta (ABA, por sus siglas en inglés), he tenido la oportunidad de trabajar con innumerables familias y maestros a lo largo de los años. He escuchado la primera palabra de un niño "no verbal", he ayudado a adultos a construir su primera amistad y he visto a personas adquirir habilidades que se les había dicho que nunca aprenderían. Cada pequeño paso tiene un impacto, no sólo en el individuo y su familia, sino también en el analista de conducta. Ayudar a los demás a ser más independientes y capaces de expresarse es tremendamente gratificante. Nuestro deseo es que "ABA en imágenes" haga ABA accesible para todos. Esperamos apoyar a familias y maestros en la enseñanza de habilidades esenciales y que promueven la autonomía de sus estudiantes. Nuestro objetivo último es enseñar estrategias eficaces en un formato fácil de entender y de usar.

La investigación muestra una relación directa entre la participación de padres y maestros en el desarrollo de habilidades y el desempeño de los estudiantes. Mi propia experiencia ratifica este hecho. Si bien es cierto que nuestros estudiantes pueden progresar muy significativamente con sesiones de intervención ABA, también lo es que aquellos que hacen mayores avances y de forma sostenida en el tiempo, cuentan con padres que participan activamente en la enseñanza. Siendo conocedora de que el entrenamiento de padres y maestros es un componente crucial en el progreso de un estudiante, intenté buscar materiales y métodos de enseñanza para involucrarles más eficazmente. No obstante, solo hallé materiales escritos en jerga conductual o métodos de enseñanza que se apoyaban únicamente en la descripción verbal. Pronto me di cuenta de la dificultad de aplicar estos métodos de enseñanza: padres y maestros a menudo no tienen tiempo de leer largas explicaciones sobre cómo utilizar una estrategia, ni tienen acceso a un experto en análisis de conducta que muestre y moldee cada estrategia. Estas dificultades se hicieron más obvias si cabe trabajando con familias inmigrantes. Para estas personas, comprender textos largos, e incluso instrucciones verbales, es un proceso laborioso y que frecuentemente hace que las estrategias se aprendan incorrectamente. Fue a través de estas experiencias que me propuse, con el apoyo de mi pareja y coautor, desarrollar una nueva forma de enseñanza basada en imágenes.

Esperamos que al visualizar las estrategias ABA, le sea más fácil entenderlas y aplicarlas contribuyendo así a apoyar eficazmente a las personas que quiere.

Introducción

ABA

¿Qué es ABA?

El análisis aplicado de conducta (ABA) es un enfoque de intervención que tiene como fin mejorar la vida de los individuos de forma significativa. La ciencia del análisis de conducta nos ayuda a entender cómo funciona la conducta, cómo la conducta es influida por el ambiente y cómo se produce el aprendizaje. Estos hallazgos se aplican a situaciones de la vida real con el fin de enseñar habilidades que mejorarán la calidad de vida del individuo. El doble objetivo de ABA es disminuir conductas que puedan ser peligrosas o que interfieran con el aprendizaje y aumentar conductas útiles y significativas para el individuo.

¿Por qué es ABA efectivo?

ABA utiliza estrategias basadas en la evidencia, lo que significa que cumplen con criterios rigurosos que demuestran su utilidad y eficacia. Estas estrategias se pueden aplicar en la vida diaria, incluyendo el ámbito doméstico, escolar y comunitario. Las estrategias ABA también han demostrado ser eficaces a lo largo de la vida, desde los dos meses de edad hasta la edad adulta.

Es posible enseñar muy diversas habilidades utilizando estrategias basadas en los principios de ABA: habilidades sociales, lenguaje y comunicación, seguimiento de instrucciones, contacto visual, adaptación al ámbito escolar, habilidades de auto-cuidado, habilidades adaptativas, motoras, de auto-regulación, entre otras.

¿Quién puede beneficiarse de ABA?

Pese a que con frecuencia asociamos ABA a personas con trastorno del espectro autista, sus conceptos se pueden aplicar a cualquier estudiante. De hecho, las estrategias ABA se han utilizado para mejorar eficazmente los hábitos alimentarios, el ejercicio físico, el aprendizaje de idiomas, el rendimiento deportivo, el entrenamiento de animales, o la eficiencia laboral, entre otras muchas aplicaciones.

La intervención ABA está dirigida con frecuencia a personas con diagnóstico de trastorno del espectro autista, hiperactividad, trastorno obsesivo-compulsivo, discapacidad intelectual, síndrome de Down, etc., las estrategias presentadas en este libro han demostrado ser útiles también para personas de desarrollo típico. Además, cualquier persona puede aprender estas estrategias a un nivel básico, ya sean proveedores de servicios, maestros, padres u otros cuidadores. Debido a que las estrategias ABA pueden ajustarse a las necesidades particulares de un cliente, todo el mundo puede beneficiarse de estas estrategias.

El autismo y otros trastornos

Introducción

Mientras que los principios del análisis aplicado de conducta se pueden encontrar en diversas profesiones y entornos, la aplicación más conocida y comúnmente utilizada se da entre personas con autismo. Una muestra de la vinculación de ABA y el autismo es un estudio detallado realizado por *National Professional Development Center* (NPDC, 2014) y que identificó 27 intervenciones específicas de ABA como eficaces para personas con autismo. Un estudio de seguimiento realizado por *National Standards Project* (NSP, 2015) verificó las conclusiones del estudio anterior. Estos estudios de revisión, además de muchos estudios especializados, han dado lugar a que *Centers for Disease Control and Prevention* identificase la terapia de conducta como una intervención efectiva para personas con trastornos tales como hiperactividad, trastorno negativista desafiante, trastorno obsesivo-compulsivo, depresión, ansiedad, trastorno de estrés postraumático y trastorno del espectro autista. A continuación, presentamos cuatro de los trastornos que más habitualmente se asocian con la intervención analítico-conductual (ABA).

Para que una persona sea diagnosticada con un trastorno, debe haber un conjunto de problemas que resulten en dificultades significativas, malestar y/o deterioro en el funcionamiento sociolaboral de la persona. No obstante, las estrategias ABA también pueden ser beneficiosas para personas que no tienen un trastorno específico. Estas estrategias no deben de considerarse como tratamientos para un determinado diagnóstico, sino como medios para propiciar cambios significativos en la conducta.

Autismo

El trastorno del espectro autista (TEA) es un trastorno de origen en la infancia en el que se presentan notables dificultades en la adquisición de habilidades sociales y de comunicación, y se observan conductas repetitivas e intereses restringidos. Estas personas pueden mostrar una amplia gama de dificultades haciendo que con frecuencia se caracterice como un abanico o "espectro" de manifestaciones. Algunas de las características que están presentes con frecuencia en individuos con TEA son: retraso en el aprendizaje del lenguaje, falta de contacto visual, dificultad en el funcionamiento ejecutivo (p.ej., razonamiento, planificación, resolución de problemas), intereses limitados e intensos, habilidades motoras deficientes, sensibilidad sensorial y problemas de conducta (p.ej., berrinches, agresiones, autolesiones, conductas de fuga). Durante el juego los niños con TEA pueden a menudo mostrar intereses restringidos (p.ej., focalización en las ruedas de vehículos) o conductas repetitivas, dificultando así la interacción con iguales, la participación positiva en el juego y el desarrollo de habilidades sociales apropiadas. Los individuos con TEA a menudo tienen una habilidad o interés particular, pudiendo hablar sin cesar de ello o centrar su conducta en dicho aspecto. En algunos casos, este interés puede refinarse y conducir a relaciones productivas con iguales o a habilidades vocacionales. El aumento reciente en la concienciación y el diagnóstico precoces han llevado a un aumento de las tasas de prevalencia (actualmente de 1 de cada 59 nacimientos). El diagnóstico y la intervención temprana han permitido el acceso a servicios individualizados que mejoran significativamente la calidad de vida del individuo.

Causas del autismo

Aunque no existe una causa probada del TEA, investigaciones recientes indican que existen factores genéticos. Un informe de *Autism Society of America* concluyó que el autismo no tiene límites étnicos o sociales y que los ingresos familiares, el estilo de vida y el nivel educativo no afectan al riesgo de autismo. En 2014, Sandlin y sus colaboradores publicaron un influyente estudio que evaluó el riesgo familiar de autismo. Sus resultados mostraron una fuerte heredabilidad e influencia genética en los individuos con autismo. Determinaron que el riesgo de que una persona con un hermano con autismo fuese también diagnosticada era diez veces mayor que el de una persona con hermanos sin autismo. Un individuo con un primo diagnosticado con autismo tendría el doble de probabilidades de recibir el

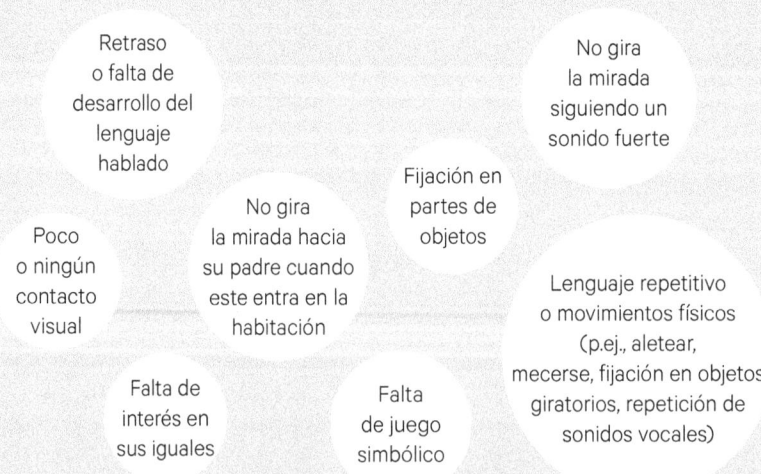

Indicios tempranos de autismo

- Retraso o falta de desarrollo del lenguaje hablado
- No gira la mirada siguiendo un sonido fuerte
- Poco o ningún contacto visual
- No gira la mirada hacia su padre cuando este entra en la habitación
- Fijación en partes de objetos
- Lenguaje repetitivo o movimientos físicos (p.ej., aletear, mecerse, fijación en objetos giratorios, repetición de sonidos vocales)
- Falta de interés en sus iguales
- Falta de juego simbólico

diagnóstico, evidenciándose de este modo una relación entre el grado de parentesco y el riesgo de autismo. En sus conclusiones, Sandlin y su equipo estimaron que la heredabilidad del autismo es del 50%. Existe acuerdo en la importancia de los factores genéticos, pero su rol no es absoluto. La investigación genética actual no ha logrado aun identificar una causa biológica clara que pueda dar lugar a estrategias médicas de prevención y tratamiento.

Síndrome de Down

El síndrome de Down, también conocido como trisomía 21, es una afección en la que una persona nace con un cromosoma adicional en el par cromosómico 21. Actualmente, el síndrome de Down no se puede prevenir, pero se puede detectar durante el embarazo.

Aunque los individuos con síndrome de Down pueden parecer similares, cada persona tiene diferentes niveles de habilidad. Las personas a menudo experimentan retrasos en el desarrollo. Por lo tanto, es importante fomentar el desarrollo de estas personas en congruencia con sus habilidades básicas. Los niños con síndrome de Down pueden necesitar ayuda con el cuidado personal, por ejemplo, al bañarse, vestirse o acicalarse.

Según *Centers for Disease Control and Prevention*, la prevalencia actual del síndrome de Down es de 1 de cada 700 nacimientos en Estados Unidos, lo que hace del síndrome de Down el trastorno cromosómico más frecuente. Las características físicas y los problemas médicos asociados al síndrome de Down varían en cada caso, habiendo ciertas características comunes.

Indicios tempranos del síndrome de Down

- Bajo tono muscular (hipotonía) y una tasa de crecimiento más lenta en comparación con niños de desarrollo típico
- Perfil facial plano con inclinación hacia arriba a los ojos, orejas más pequeñas que las de tamaño medio, y lengua sobresaliente
- Déficit intelectual de leve a moderado
- Mayor riesgo de comorbilidad (defecto cardíaco congénito, hipertensión pulmonar y problemas auditivos o visuales)

Hiperactividad

El trastorno por déficit de atención e hiperactividad (TDAH) es uno de los trastornos del desarrollo más frecuentes en la infancia ocurriendo en el 11% de los niños de entre 4 y 17 años de edad. Por lo general, los niños son diagnosticados en los primeros años escolares al mostrar dificultades para prestar atención, controlar conductas impulsivas o al mostrarse demasiado activos. Para las personas con TDAH, estos problemas son persistentes e interfieren con el funcionamiento académico y social. Las conductas clave del TDAH son la falta de atención, la hiperactividad y la impulsividad. Las personas con TDAH pueden presentar solo una de estas dificultades o una combinación de ellas.

Pese a que la causa específica del TDAH no se conoce, las investigaciones recientes muestran que los factores genéticos juegan un papel importante en su prevalencia. Las investigaciones descartan que el TDAH pueda deberse a una dieta alta en azúcar, a ver demasiada televisión, al estilo de crianza u otros factores ambientales, incluyendo la dinámica familiar o el nivel socioeconómico.

Los síntomas del TDAH pueden cambiar a lo largo del ciclo vital, siendo esencial enseñar habilidades específicas que puedan reducir las dificultades a las que se enfrentan estas personas. Por ejemplo, se les puede enseñar estrategias específicas para la organización y la gestión del tiempo o estrategias conductuales para reducir la inquietud motora.

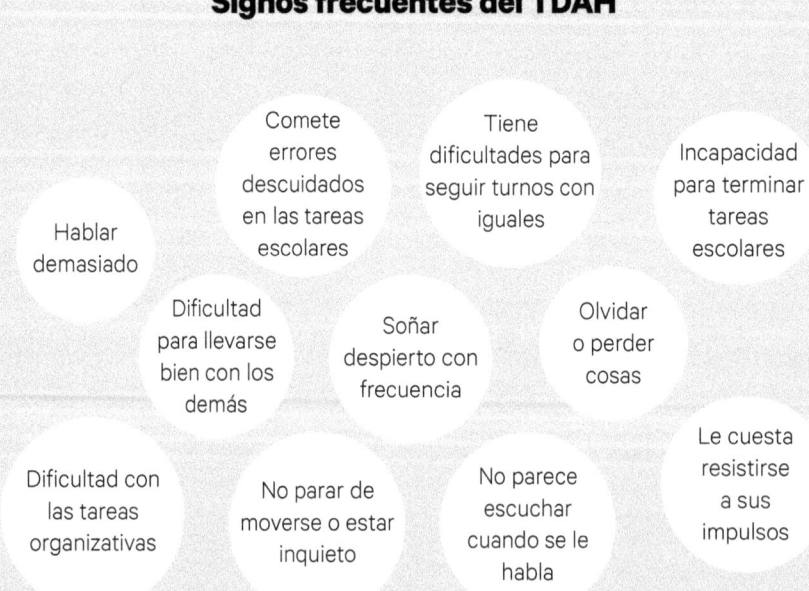

Trastorno obsesivo-compulsivo

El trastorno obsesivo-compulsivo (TOC) es un trastorno de ansiedad en el que concurren pensamientos, ideas o sensaciones recurrentes y no deseados (obsesiones), que hacen que el individuo se sienta impulsado a hacer algo repetidamente (compulsiones). Las conductas compulsivas ocupan una cantidad significativa de tiempo (más de una hora cada día) y frecuentemente interfieren con otras actividades cotidianas. Los niños con TOC a menudo informan que realizan estas conductas para evitar que suceda algo malo o para "sentirse mejor". Con una tasa de prevalencia de aproximadamente 1 de cada 100 niños, el TOC afecta igualmente a hombres, mujeres y niños de todas las etnias y niveles socioeconómicos.

Los individuos con TOC también pueden experimentar ansiedad, depresión o diversos problemas de conducta. Pese a que se desconoce la causa específica del TOC, parece haber factores genéticos implicados.

Temas comunes de las obsesiones   **Temas comunes de las compulsiones**

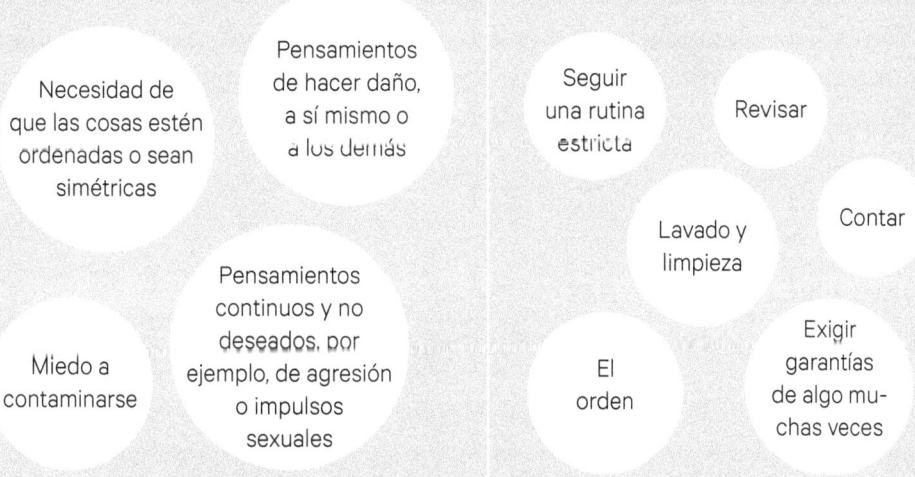

- Necesidad de que las cosas estén ordenadas o sean simétricas
- Pensamientos de hacer daño, a sí mismo o a los demás
- Miedo a contaminarse
- Pensamientos continuos y no deseados, por ejemplo, de agresión o impulsos sexuales
- Seguir una rutina estricta
- Revisar
- Lavado y limpieza
- Contar
- El orden
- Exigir garantías de algo muchas veces

Descripción general del libro

En los siguientes capítulos, aprenderá a usar las estrategias de ABA para apoyar el desarrollo de habilidades de su estudiante, así como reducir sus problemas de conducta. Las estrategias están organizadas en los siguientes capítulos:

- **Estrategias proactivas:** estrategias para evitar que se produzcan problemas de conducta y aumentar la participación del estudiante
- **Estrategias reactivas:** estrategias para reducir problemas de conducta y fortalecer conductas alternativas apropiadas
- **Enseñanza de nuevas habilidades:** estrategias para enseñar diversas habilidades específicas al estudiante
- **Integración de estrategias:** instrucciones paso a paso para manejar situaciones difíciles concretas que pueden darse con frecuencia
- **Herramientas:** plantillas en blanco y recursos que pueden acompañar a las estrategias presentadas

Quién puede usar estas estrategias

Aunque las estrategias ABA suelen ser aplicadas por proveedores de servicio especializados, por ejemplo, profesionales BCBA, las estrategias aquí presentadas pueden ser aprendidas y utilizadas con éxito por padres, cuidadores y maestros. De hecho, animamos a padres y maestros a utilizarlas. En cada estrategia verá que los personajes principales son un cuidador o cuidadora, y un estudiante. Pretendemos con ello abarcar a todas las personas que enseñan habilidades al estudiante y el amplio rango de edades de las personas que van a aprenderlas.

Dónde utilizar estas estrategias

Algunas de las estrategias presentadas son adecuadas para el hogar, mientras que otras pueden adaptarse mejor al entorno escolar. No obstante, la gran mayoría de las estrategias pueden usarse en los ámbitos doméstico, escolar y comunitario. Le animamos a utilizar estas estrategias en cualquier entorno. Tendrá más éxito si las estrategias se aplican ampliamente en todos los entornos de la vida del estudiante.

Cómo utilizar estas estrategias

Usa esta guía de la manera que más te ayude a tí y a tu familia. Puede decidir leer el libro de principio a fin o ir directamente a las estrategias que son más relevantes para usted. También puede optar por utilizar el diagrama de estrategias de la pág. 25 para identificar la que podría apoyar mejor su situación actual. En cualquier caso, una vez que esté listo para probar una estrategia, le sugerimos que la ensaye con alguien primero. Puede seguir utilizando el libro como una guía visual hasta que sienta que puede realizar los pasos por su cuenta. Cada estrategia se puede utilizar en diversas situaciones, por lo que puede ayudar volver a los pasos tal y como se describen en la guía cuando quiera probar alguna alteración. Además de las estrategias concretas, se sugieren pasos para manejar dificultades frecuentes (pág. 109) que pueden requerir de la combinación de varias estrategias para abordar una situación especialmente difícil.

Por último, en la parte final del libro, encontrará una sección de *Herramientas* en la que hay plantillas y recortables que pueden utilizarse en la aplicación de algunas de las estrategias presentadas a lo largo de la guía.

¿Qué puede esperar de este libro?

Las estrategias que aparecen en los siguientes capítulos han demostrado ser eficaces. Sin embargo, distintas personas pueden tener diferentes tasas de éxito al aplicarlas. A medida que la conducta se desarrolla a partir de un patrón de experiencias, es importante recordar que el cambio de conducta no suele ocurrir inmediatamente. La mejor manera de utilizar las estrategias para crear un cambio de conducta importante es ser consistente. Por ejemplo, si está utilizando una estrategia proactiva para aumentar el cumplimiento de tareas difíciles (p.ej., *priming* conductual, estrategia sí …, entonces …), use esa estrategia cada vez que vez que presente la tarea que debe realizarse. Además, enseñe a otros miembros de la familia y a los maestros del estudiante a usar la misma estrategia a la hora de presentar tareas. Esta consistencia permitirá cambiar la conducta del estudiante de manera más efectiva. En resumen, ¡sé persistente y paciente!

En cuanto a la reducción de problemas de conducta, trataremos de una estrategia muy efectiva llamada *extinción*. A modo de breve introducción, diremos que la extinción ocurre cuando, después de averiguar por qué ocurre un problema de conducta, dejamos de dar acceso a lo que está manteniendo la conducta. Al utilizar esta estrategia, es posible que se de un incremento temporal del problema de conducta. El incremento de respuesta asociado a la extinción significa que "las cosas pueden empeorar antes de mejorar". Si se produce este fenómeno quiere decir que vamos por el buen camino y hemos de seguir siendo consistentes. El estudiante está aprendiendo que lo que solía funcionar (p.ej., gritar producía atención paterna), ya no funciona. Algunos estudiantes pueden probar otras maneras más contundentes de obtener lo que quieren después de un enfrentarse inicialmente con un proceso de extinción (p.ej., gritando más fuerte, pataleando y llorando, etc.), creando así el incremento de respuesta que a veces vemos asociado a la extinción. Una manera de reducir esta posible dificultad es enseñar a la vez una manera apropiada de conseguir aquello que el estudiante desea. Por ello, a fin de obtener los mejores resultados posibles, es recomendable utilizar una estrategia de enseñanza de conductas alternativas paralelamente a la aplicación de extinción.

Resumen de estrategias

Con el fin de guiarle en la elección de la estrategia que mejor se adapte a su situación individual, hemos creado un diagrama con todas las estrategias destacadas en el libro. Encuentre en el diagrama su objetivo personal en el lado izquierdo, luego siga las líneas para identificar qué estrategias pueden ser eficaces para cumplir su objetivo. Es importante tener en cuenta que múltiples estrategias pueden ser adecuadas para una misma situación. Le animamos a probar todas ellas para ver qué combinación conduce a resultados más positivos en su caso particular. Recuerde que la consistencia es clave, así que cuando elija una estrategia, practíquela y utilícela a diario.

Habilidad deseada

Mejora del seguimiento de instrucciones y prevención de problemas de conducta

Manejo de problemas de conducta

Aumento de la independencia

Mejora de las habilidades sociales

Aumento de la comunicación

Estrategia

Modificar el entorno, página 54

Priming conductual, página 56

Sí …, entonces, página 58
Nombre técnico: Principio de Premack

Fácil, fácil, difícil, página 60
Nombre técnico: Momento conductual

Dar opciones, página 62

Instrucción-demostración-guía física, página 68

Economía de fichas, página 70

Enseñar conductas alternativas, página 72
Nombre técnico: Reforzamiento diferencial de conductas alternativas

Extinción funcional, página 74

Bloqueo del problema de conducta, página 78

Manejo de la conducta repetitiva, página 80
Nombre técnico: Interrupción de respuesta y redirección

Emparejamiento, página 86

Enseñanza naturalizada, página 88

Dividir habilidades, página 90

Resolución de problemas I y II, página 92 y 94

Moldeamiento y desvaneciendo, página 96

Modelado, página 98

Generalización, página 100

Habilidades de juego, página 102

Atención conjunta, página 104

Enseñar a pedir, página 106
Nombre técnico: Entrenamiento de mandos

Bloque del libro

● Estrategias proactivas   ● Estrategias reactivas   ● Enseñar nuevas habilidades

Fundamentos del análisis aplicado de conducta (ABA)

Introducción

El análisis aplicado de conducta (ABA) se fundó sobre varios principios fundamentales que siguen siendo el núcleo del campo hoy en día. Estos principios guían la toma de decisiones sobre qué estrategias se deben utilizar, cómo usarlas y cómo evaluar su eficacia.

Énfasis en la conducta observable

ABA se centra en los aspectos observables de la conducta, es decir, en aquello que podemos ver que está sucediendo. Prestamos atención a los eventos que ocurrieron antes y después de la conducta para obtener indicios sobre las causas de la conducta. Al evaluar el ambiente y los eventos próximos a la conducta podremos llegar a entender por qué ocurre y cómo cambiarla. En ABA, para lograr explicar una conducta buscamos las causas en el ambiente, sin recurrir a estados internos (p.ej., sentimientos, estado de ánimo), o etiquetas (p.ej., diagnósticos).

Ser objetivo

Una parte esencial de la práctica de ABA consiste en ser objetivo. Ello comienza desde que estamos describiendo por primera vez la conducta que queremos cambiar o la habilidad que queremos enseñar. Es probable que la palabra "berrinche", por ejemplo, sugiera significados diferentes en diferentes personas. ¿Te imaginas al individuo llorando, gritando, tirado en el suelo, corriendo despavorido diciendo "¡no!"?, ¿o quizá otras conductas? Todas estas manifestaciones son conductas observables y específicas que utilizaremos para describir nuestro objetivo de reducir los "berrinches". Aprender a describir una conducta en términos objetivos es esencial a fin de poder realizar un seguimiento preciso del progreso del programa de cambio de conducta a lo largo del tiempo. Una vez que haya creado una descripción clara de la conducta que le gustaría cambiar, deberá aprender a tomar datos para que pueda determinar si las estrategias que está utilizando están o no ayudando. El proceso de toma de datos y evaluación de resultados son la

Formas de describir una conducta

Llorar
Estar de rodillas
Mesarse el cabello
Gritar

Estar molesto
Estar enojado
Tener un mal día
Crisis emocional

clave de la objetividad que hace que ABA sea tan eficaz. Si los datos muestran que no estamos progresando hacia nuestro objetivo, podremos percatarnos de ello y cambiar la intervención.

Intervención individualizada

Otro factor que hace que ABA sea un enfoque único, es que las estrategias se pueden adaptar para satisfacer las necesidades de cada individuo. Cuando hablemos de estrategias visuales, verá paso a paso cómo proceder y un ejemplo con una situación en la que se podría utilizar la estrategia en cuestión. Le animamos a adaptar las estrategias propuestas en las situaciones que le sean más relevantes. Por ejemplo, al enseñar la habilidad de solicitar artículos (pág. 106), podremos hacerlo utilizando frases de cuatro palabras ("Quiero jugar fuera"), una solicitud de una palabra ("Fuera"), el signo del lenguaje de signos para "fuera", o la imagen para "fuera" en un sistema de intercambio de imágenes. Los pasos de la estrategia siguen siendo los mismos, sin embargo, las expectativas pueden ser alteradas para adaptarse al nivel de habilidad del estudiante.

El ABC de la conducta

Los registros ABC permiten determinar porque puede estar sucediendo una conducta. En ABA, el término "conducta" se refiere a cualquier acción observable que una persona pueda hacer. Esto abarca no sólo los problemas de conducta, sino también las conductas apropiadas. Muchas personas con autismo u otros trastornos relacionados puede presentar problemas de conducta que los cuidadores desean reducir. El primer paso en la reducción de una conducta es entender por qué esta ocurre. Para hacerlo, deberemos atender a lo que sucede antes (antecedente) y después (consecuencia) de la conducta. Éstas son las dos pistas que nos ayudarán a determinar el motivo o *función* de la conducta ocurre.

A	**B**	**C**
Antecedentes Eventos que ocurren en el ambiente antes de una conducta	**Conducta** (*Behavior*) Una acción observable	**Consecuencia** Eventos que se producen inmediatamente después de una conducta

Ejemplo de ABC en el hogar
- **Antecedente:** La madre le dice al niño que recoja sus zapatos
- **Conducta:** El niño grita
- **Consecuencia:** La madre recoge los zapatos del niño

Ejemplo de ABC en el ámbito escolar
- **Antecedente:** El maestro hace a los estudiantes una pregunta
- **Conducta:** El estudiante levanta la mano
- **Consecuencia:** El maestro le da la palabra al estudiante

Instrucciones para la realización de un registro ABC

1. Elija una conducta de interés (p.ej., berrinches, gritos, protestas/decir "¡no!", agresión, aletear con ambos brazos, etc.)
2. Cada vez que ocurra la conducta de interés, consigne en el registro (A) lo que sucedió inmediatamente antes, (B) los aspectos observables de la conducta, (C) lo que sucedió inmediatamente después. Opcional: Añadir comentarios con más información sobre lo que estaba sucediendo en ese momento
3. Registre la información durante al menos cuatro ocurrencias de la conducta (el registro puede hacerse en un solo día si la conducta ocurre mucho, o puede requerir varios días si la conducta no ocurre tan a menudo)

Registro ABC

Conducta de interés: Berrinche (gritar, llorar y tirarse al suelo)

Antecedente ¿Qué pasó antes de la conducta?	Conducta Describa la conducta	Consecuencia ¿Qué pasó después de la conducta?	Función
La mamá le dijo a su hijo que "apague el iPad"	Gritó "¡no, no, no!", y lloró durante 2 minutos	La mamá le quitó el iPad	
El hijo le preguntó a la mamá, "¿Puedo ver dibujos animados en la tele?" La mamá dijo "ahora no"	Se tiró al suelo y gritó "¡Quiero ver dibujos animados en la tele!" y lloró durante 3 minutos	La mamá le dijo que dejara de gritar	
El hijo estaba viendo "Super Wings" con su familia	"¡Quiero el ratón Mickey!" y se tira al suelo	La mamá puso el canal de Disney	
El hijo le pidió a la mamá que comprara cereales de chocolate, la mamá le dijo que no	El hijo se tiró al suelo y lloró un minuto	La mama toma al niño en brazos y le pone en el carrito de la compra	

Practicar

Elija una conducta específica en la que centrarse. Describa la conducta de interés en términos observables y objetivos. Rellene la siguiente tabla describiendo lo que sucede las primeras cuatro veces que observe la conducta.

Nota: A veces, una consecuencia es también el antecedente para la siguiente conducta. Ejemplo: (A) Instrucción de hacer la tarea (B) el estudiante grita (C) el maestro repite la instrucción para hacer la tarea // (A) el maestro repite la instrucción para hacer la tarea (B) el estudiante rompe el papel (C) el maestro pega el papel con cinta adhesiva y repite la instrucción.

Registro ABC

Conducta de interés:

Antecedente ¿Qué pasó antes de la conducta?	**Conducta** Describa la conducta	**Consecuencia** ¿Qué pasó después de la conducta?	**Función**

Más práctica

Elija una conducta específica en la que centrarse. Describa la conducta de interés en términos observables y objetivos. Rellene la siguiente tabla describiendo lo que sucede las primeras cuatro veces que observe la conducta.

Registro ABC

Conducta de interés: _____

Antecedente ¿Qué pasó antes de la conducta?	**Conducta** Describa la conducta	**Consecuencia** ¿Qué pasó después de la conducta?	**Función**

Funciones de la conducta

Las funciones de la conducta hacen referencia a la razón por la que alguien realiza una conducta particular. Entender el "por qué" es esencial para cambiar esa conducta. Si un estudiante interrumpe en clase levantándose frecuentemente de su asiento, antes de decidir cómo manejar esa conducta, necesitamos saber por qué esta está ocurriendo. Esta comprensión inicial nos permitirá manejar dicha conducta con mayores probabilidades de éxito. En el campo del análisis de conducta creemos que hay cuatro funciones, o razones, principales que explican un problema de conducta.

1. Obtener atención de otras personas (atención)
2. Acceder a un elemento a actividad preferidos (tangible)
3. Escapar de demandas de tareas no preferidas (escape)
4. Producir sensaciones corporales agradables (sensorial)

Esto significa que para cualquier conducta que de hecho esté ocurriendo, podemos asumir que el individuo está recibiendo atención, está accediendo a un determinado artículo o actividad, está escapando de demandas relativas a determinadas actividades, o está sintiéndose bien físicamente al realizarla. Siendo estas consecuencias las responsables por de que la conducta se mantenga.

En el ejemplo del estudiante que se levantaba en clase, tendremos que preguntarnos, ¿está obteniendo atención del maestro o de sus compañeros? ¿Al levantarse consigue acceder a artículos preferidos? ¿Al levantarse logra zafarse o demorar ciertas tareas?, o ¿está satisfaciendo una necesidad física de moverse?

Podremos intuir la posible función de la conducta utilizando un registro ABC (pág. 30). Utilice la plantilla del registro ABC (ver pág. 31) y registrar al menos cinco ocurrencias del problema de conducta. Con esta información, quizá podamos hallar cuál función es la razón o *función* de la conducta.

En los siguientes escenarios examinaremos problemas de conducta mantenidos por las cuatro funciones antes mencionadas. Los ejemplos utilizan un caso de conducta autolesiva consistente en golpearse la cabeza.

Indicios de que la función de la conducta pueda ser obtener atención
- El individuo estaba recibiendo atención de alguien antes de que se produjera el problema
- Inmediatamente después del problema de conducta, alguien le dio atención individual. Recuerde que las reprimendas (p.ej., "no", "no hagas eso") son también una forma de atención

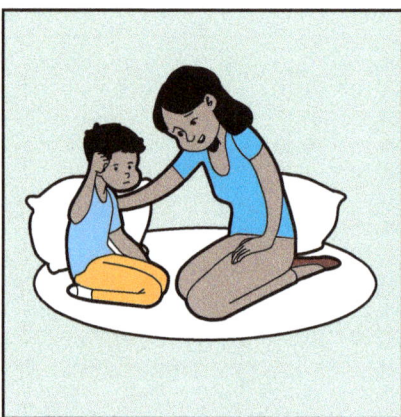

El estudiante recibe atención después del problema de conducta.

Aquí, la maestra da atención después de la conducta autolesiva intentando consolar al estudiante. Recuerde que las reprimendas ("no hagas eso", "para", "¡no!") también son formas de atención.

Indicios de que la función de la conducta pueda ser acceder a actividades preferidas

Un artículo o actividad preferida se retiró justo antes de que ocurriera el problema de conducta.
- Se le dijo al individuo, "ahora no" o "espera"
- Inmediatamente después del problema de conducta, alguien le el artículo o actividad preferida
-

El problema de conducta ocurre después de que se le diga "no", "ahora no" o "espera".

El estudiante había pedido el teléfono al padre. Este le respondió, "no" y la conducta autolesiva ocurrió juste después.

Indicios de que la función de la conducta pueda ser escape
- Se instruyó al individuo para que realizara una tarea justo antes de que ocurriera el problema
- Inmediatamente después del problema de conducta, se eliminó la instrucción de que realizase la tarea

Después del problema de conducta, el estudiante escapó de tener que realizar una tarea no preferida.

Aquí, después de la conducta autolesiva, el maestro deja que el estudiante escape y vaya a una zona tranquila para "calmarse".

Indicios de que la función de la conducta pueda ser sensorial
- La conducta ocurrió cuando el individuo estaba solo y no había tareas
- La conducta se produce con cualquier persona, actividad o contexto

El estudiante realiza la conducta porque, al hacerlo, "se siente bien".

Cuando la función es sensorial, el estudiante no necesita de la intermediación del maestro para obtener reforzamiento.

Cuando haya identificado la función de la conducta, estará listo para pasar a las estrategias de intervención pensadas para reducir un problema de conducta particular (pág. 39).

Instrucciones para identificar la función

A continuación, utilice la información recopilada en las columnas *Antecedente, Conducta* y *Consecuencia* como indicios sobre los cuales conjeturar cuál de las cuatro funciones comentadas pueda ser la razón por la que ocurre la conducta. Puede rodear la pista más importante de cada fila para que le sea más fácil decidir.

Registro ABC

Conducta de interés: berrinche (gritar, llorar y tirarse al suelo)

Antecedente ¿Qué pasó antes de la conducta?	Conducta Describa la conducta	Consecuencia ¿Qué pasó después de la conducta?	Función
La mamá le dijo a su hijo que "apague el iPad"	Gritó "¡no, no, no!", y lloró durante 2 minutos	La mamá le quitó el iPad	Acceso (iPad)
El hijo le preguntó a la mamá, "¿Puedo ver dibujos animados en la tele?" La mamá dijo "ahora no"	Se tiró al suelo y gritó "¡Quiero ver dibujos animados en la tele!" y lloró durante 3 minutos	La mamá le dijo que dejara de gritar	Acceso (ver dibujos animados en la tele)
El hijo estaba viendo "Super Wings" con su familia	¡Quiero el ratón Mickey!" y se tira al suelo	La mamá puso el canal de Disney	Acceso (ver el canal de Disney)
El hijo le pidió a la mamá que comprara cereales de chocolate, la mamá le dijo que no	El hijo se tiró al suelo y lloró un minuto	La mama toma al niño en brazos y le pone en el carrito de la compra	Acceso (cereal de chocolate)

Función: Acceso

Practicar

Rellene el gráfico siguiente para las siguientes cuatro ocasiones en que se produzca la conducta de interés: Busque pistas sobre lo que está sucediendo antes o después de la conducta. Utilice estas pistas para determinar la posible función de la conducta en cada uno de los cuatro episodios descritos. En el espacio de abajo, indique la función que ocurrió con más frecuencia.

Registro ABC

Conducta de interés: _____

Antecedente ¿Qué pasó antes de la conducta?	**Conducta** Describa la conducta	**Consecuencia** ¿Qué pasó después de la conducta?	**Función**

Función: _____

Opción alternativa: Lista de comprobación ABC

Instrucciones para rellenar la lista de comprobación ABC: Rellene la lista de comprobación a continuación cada vez que observe el problema de conducta. Marque las casillas apropiadas al incidente particular. Esto puede ayudar a identificar ciertos patrones y a determinar por qué está sucediendo la conducta.

Registro ABC

Conducta de interés: _____

Antecedente ¿Qué pasó antes de la conducta?	**Conducta** Describa la conducta	**Consecuencia** ¿Qué pasó después de la conducta?	**Función**
☐ Le dijeron que "no" ☐ Se le pidió que hiciera algo ☐ Atención dada a otros ☐ Transición ☐ Nada, aparentemente	☐ Llorar ☐ Pegar ☐ Gritar ☐ Lanzar objetos ☐ -------------	☐ Redirigir a conducta alternativa ☐ Le dijeron que no ☐ Recibe lo que quiere ☐ Le ignoran ☐ Reprimenda verbal	☐ Atención ☐ Tangible ☐ Escape ☐ Sensorial
☐ Le dijeron que "no" ☐ Se le pidió que hiciera algo ☐ Atención dada a otros ☐ Transición ☐ Nada, aparentemente	☐ Llorar ☐ Pegar ☐ Gritar ☐ Lanzar objetos ☐ -------------	☐ Redirigir a conducta alternativa ☐ Le dijeron que no ☐ Recibe lo que quiere ☐ Le ignoran ☐ Reprimenda verbal	☐ Atención ☐ Tangible ☐ Escape ☐ Sensorial
☐ Le dijeron que "no" ☐ Se le pidió que hiciera algo ☐ Atención dada a otros ☐ Transición ☐ Nada, aparentemente	☐ Llorar ☐ Pegar ☐ Gritar ☐ Lanzar objetos ☐ -------------	☐ Redirigir a conducta alternativa ☐ Le dijeron que no ☐ Recibe lo que quiere ☐ Le ignoran ☐ Reprimenda verbal	☐ Atención ☐ Tangible ☐ Escape ☐ Sensorial

Función: _____

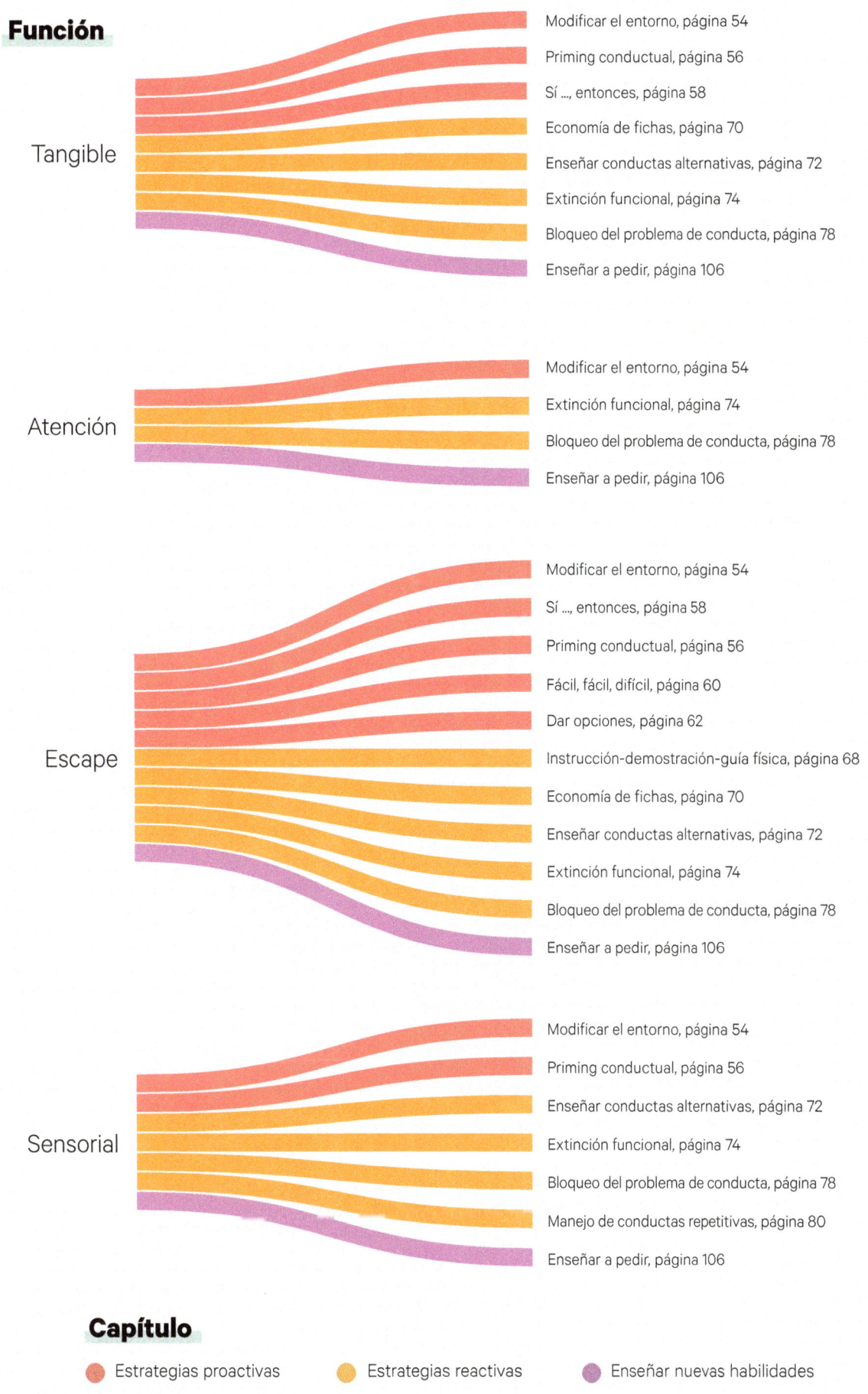

Reforzamiento

En análisis de conducta, el reforzamiento y el castigo se entienden como factores subyacentes que influyen sobre nuestra conducta. Este análisis se apoya en las investigaciones de B. F. Skinner sobre la conducta y que mostraron que esta se puede enseñar o modificar mediante el control de las consecuencias que siguen a la acción de un organismo.

El reforzamiento es un proceso que hace que la conducta se mantenga o incremente su probabilidad de ocurrencia futura, mientras que el castigo es un proceso que hace que la conducta deje de ocurrir o reduzca su probabilidad de ocurrencia futura. Es importante que comprendamos si nuestras respuestas a la conducta de alguien están reforzando (aumentando) o castigando (disminuyendo) dicha conducta.

Ejemplo de reforzamiento
Una estudiante está hablando durante la clase de matemáticas y el profesor le envía al pasillo. A la estudiante le gusta estar en el pasillo, ya que no tiene por qué esforzarse resolviendo problemas de matemáticas. Cuando se vuelva a presentar una situación similar, la estudiante volverá a hablar durante la clase de matemáticas, es decir, su conducta se ha *reforzado*.

Ejemplo de castigo
Un estudiante está hablando durante la clase de matemáticas y el profesor le envía al pasillo El estudiante se siente avergonzado de tener que dejar la clase delante de sus amigos. En futuras ocasiones, este estudiante no hablará durante la clase de matemáticas, es decir, su conducta habrá disminuido o habrá sido *castigada*.

Al entender qué consecuencias aumentarán o disminuirán una conducta determinada podremos preparar nuestras respuestas ante ellas controlando así la conducta. Si aprendemos que recibir elogios es reforzante para la conducta de un individuo, podemos dar elogios después de que realice una tarea y, muy probablemente, volverá a realizarla si se le presenta en una ocasión futura. Por el contrario, si sabemos que retirar un dispositivo electrónico es un castigo para la conducta de esta persona, podremos retirarlo dicho dispositivo electrónico después de que realice un problema de conducta y, al hacerlo, esperar que la persona sea menos propensa a realizar el problema de conducta.

Aunque tanto el reforzamiento como el castigo tienen una gran influencia sobre el cambio de conducta, en ABA nos centramos en gran medida en el reforzamiento, mientras que el castigo se considera un último recurso después de que el reforzamiento no haya sido exitoso. El castigo tiene efectos secundarios negativos. Además, el castigo sólo tiene como objetivo disminuir la conducta, no enseñando al individuo qué conductas debe cambiar. En ABA, priorizamos el reforzamiento de conductas cuya frecuencia deseamos aumentar y la extinción (ver págs. 74 y 76) de aquellas cuya frecuencia deseamos disminuir.

Tipos de reforzamiento

Para profundizar más en el principio de reforzamiento, primero debemos entender los dos tipos de reforzamiento básico: reforzamiento positivo y reforzamiento negativo.

Reforzamiento positivo

El reforzamiento positivo significa sencillamente que al dar o presentar un estímulo, la probabilidad de ocurrencia futura de la conducta aumenta.

Tipos comunes de reforzadores positivos

- Recibir felicitaciones, elogios o cumplidos
- Saltar, que te hagan cosquillas, que te sonrían
- Recibir dinero
- Acceder a juguetes/dispositivos electrónicos
- Recibir alimentos preferidos

Ejemplo: Vd. lava los platos antes de que su pareja vuelva a casa del trabajo. Cuando su pareja ve los platos limpios, te da un beso y te dice "gracias". En el futuro, cuando estés en casa antes que tu pareja, serás más propenso a lavar los platos. Dado que tu pareja te dio un beso y te felicitó por ello (añades estímulos), este sería un caso de reforzamiento positivo.

Al dar algo preferido (p.ej., elogios, pegatinas, cosquillas, juguetes/alimentos preferidos, etc.) después de una conducta, será más probable que esta vuelve a ocurrir en ocasiones similares futuras.

Aquí, el maestro está dando elogios y una pegatina después de que el estudiante haya hecho la tarea. Es probable que el estudiante continúe realizando el trabajo de nuevo en el futuro para conseguir los elogios y la pegatina.

Reforzamiento negativo

El reforzamiento negativo se da cuando retiramos un estímulo y, a consecuencia de ello, se hace más probable que la conducta vuelve a ocurrir en el futuro.

Tipos comunes de cambio de estímulo en el reforzamiento negativo

- Eliminación de ruidos aversivos
- Atenuación o eliminación del dolor
- Eliminación de situaciones molestas
- Eliminación de tareas aversivas

Ejemplo: tiene dolor de cabeza y toma una pastilla. Poco después, el dolor de cabeza ha desaparecido. En el futuro, cuando tenga dolor de cabeza, será más probable que vuelva a tomar esa pastilla. Dado que la pastilla eliminó el dolor (se retira un estímulo), este sería un caso de reforzamiento negativo.

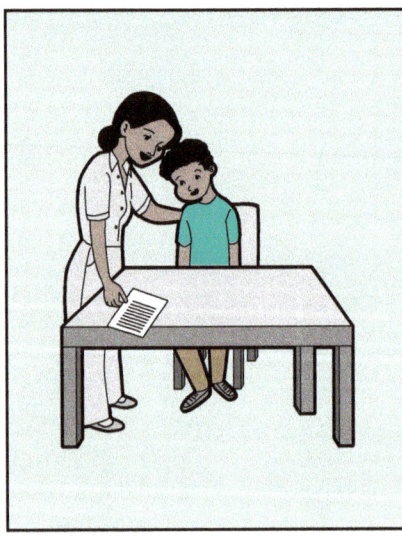

Al eliminar algo que es de baja preferencia para la persona (p.ej., tarea o alimento específicos, dolor, situación aversiva, etc.) después de una conducta, esta se hará más probable en el futuro.

Aquí, el maestro está retirando una tarea y dando unos instantes de descanso después de que el estudiante ha realizado la tarea durante un periodo de tiempo. Es probable que el estudiante vuelva a participar en la tarea en situaciones futuras a fin de obtener el descanso.

Tanto en el reforzamiento positivo como en el negativo la conducta es más probable que ocurra en el futuro, ya sea por agregar o retirar algo.

¿Cuál es la diferencia entre reforzamiento negativo y castigo?

Para ser "reforzamiento", la probabilidad de ocurrencia futura de la conducta debe mantenerse o incrementarse. Recuerde que "negativo" en este contexto indica que algo fue retirado y no la acepción común de "negativo" como "malo". Por lo tanto, el reforzamiento negativo significa que después de una conducta, algo fue retirado haciendo más probable la ocurrencia futura de la conducta. Por el contrario, en el castigo se reduce la probabilidad de ocurrencia futura de la conducta.

Consejos para el uso del reforzamiento

El reforzamiento moldea cómo nos comportamos y, por esta razón, es el núcleo de todas las estrategias ABA. Hay varios factores que hacen que el reforzamiento sea más eficaz haciendo el cambio de conducta más rápido y duradero.

Los reforzadores deben ser personalizados y preferidos

Analice el interés y la motivación del estudiante a fin de determinar qué reforzador usar. Presente diversos artículos y actividades que pueda gustar al estudiante. Observe qué artículos enganchan su atención y el orden en el que elige los artículos. Podemos deducir que el artículo que eligió primero será el más reforzante, lo que significa que será probable que su conducta (p.ej., realizar una tarea) pueda reforzarse con dicho artículo.

Ponga algunos artículos preferidos alrededor de la habitación. Observe qué artículos llaman la atención del estudiante de forma natural. Esta es una manera rápida y fácil de determinar lo que es reforzante para el estudiante en ese momento.

El reforzamiento debe ser inmediato

A fin de que el estudiante aprenda que lo que ha hecho es correcto, el reforzamiento debe seguir inmediatamente a la conducta. Es menos probable que el aumento de la conducta sea apreciable si el reforzamiento es demorado. Por ejemplo, si un estudiante pide adecuadamente la plastilina, pero se la das 15 minutos después, es poco probable que asocie su solicitud con la obtención de la plastilina.

Primero, decida qué es lo más reforzante para el estudiante. ¿Elogio, tiempo libre, jugar con un artículo o realizar una actividad, obtener un premio?

Cuando el estudiante comience a realizar una tarea difícil, felicítele elogiándole. Cuando el estudiante termine la tarea, dele inmediatamente aquello que al estudiante le resulte más valioso y *reforzante*.

Debemos equiparar la cantidad de reforzador con la cantidad de conducta

Considere la dificultad de la tarea al decidir cuánto reforzamiento dar. La cantidad de reforzador debe ajustarse al esfuerzo realizado. Por ejemplo, si tiene que proporcionar mucha ayuda para que el estudiante se ponga sus zapatos, puede dar un elogio moderado al final (p.ej., "as tirado de los cordones y apretado el nudo bien"), sin embargo, si el estudiante ata sus zapatos por su cuenta, deberemos dar elogios más efusivos e incluso un reforzador adicional (p.ej., un juguete, refresco favorito, etc.). En resumen, debemos reservar los grandes reforzadores y las grandes emociones para las tareas más difíciles.

Cuanto más esfuerzo haga el estudiante, más reforzamiento debería obtener. Aquí, la maestra tenía que apoyar considerablemente al estudiante para que se atase los zapatos.

No obstante, si el estudiante logra hacer por su cuenta un paso en la secuencia de atarse los zapatos, la maestra deberá mostrar mucha más emoción (p.ej., "¡Choca esos cinco campeón!").

Permitir al estudiante elegir el reforzador

Antes de dar una instrucción difícil, pregunte al estudiante qué quiere ganar. Para muchos estudiantes es beneficioso mostrar físicamente dos o tres opciones de actividades o artículos que se pueden ganar al realizar la tarea. Recuerde que deberá dar el artículo que el estudiante hubiese elegido inmediatamente después de que este realice la tarea.

Antes de dar una instrucción ofreceremos dos o tres opciones de actividades o artículos preferidos que el estudiante puede obtener.

Use el artículo específico elegido como reforzador para motivar al estudiante a cumplir la tarea o instrucción (ver pág. 62 para más información sobre el uso de opciones).

Limitar el acceso a los reforzadores

Guarda los artículos preferidos para que mantengan su eficacia como reforzadores. Si los estudiantes tienen acceso todo el tiempo a sus juguetes, actividades y alimentos favoritos, estarán menos motivados para trabajar por obtener dichos artículos. Podemos guardar físicamente los artículos preferidos o limitar el tiempo de acceso a estos en el caso de dispositivos electrónicos. Vaya alternando los reforzadores para que el estudiante mantenga interés en diversas actividades y permanezca motivado para obtenerlos.

Ponga los artículos preferidos en cajas o en un estante que esté fuera del alcance del estudiante. Limite el acceso a estos objetos a fin de aumentar su efectividad. Cuando se limita el acceso a un juguete favorito, el estudiante estará más motivado a trabajar para obtenerlo que si tiene acceso ilimitado a dicho juguete durante todo el día.

Desvanecer el reforzador cuando se aprende la habilidad

Cuando el estudiante está aprendiendo una nueva habilidad, deberemos dar reforzamiento cada vez que realice un intento. Una vez mejore y realice la habilidad con mayor independencia, seguiremos reforzando su progreso. Cuando haya aprendido la habilidad por completo y pueda realizarla sin ayudas, iremos reduciendo la cantidad de reforzamiento. Por ejemplo, si un estudiante está aprendiendo a ponerse la camisa, primero daremos elogios y ayudas, luego daremos ayudas esporádicas y, finalmente, deberá hacerlo sin ayudas. Una vez el estudiante se haya puesto la camisa unos días seguidos por sí mismo, iremos haciendo los elogios más esporádicos.

Para nuevas habilidades: dar elogios y reforzamiento por cada intento y en cada paso hacia el desempeño independiente de la habilidad. Cuando el estudiante haya aprendido a hacer la habilidad por su cuenta: desvanecer los elogios y reforzadores de forma gradual. Puede pasar de dar grandes vítores y felicitaciones a decir "¡buen trabajo!". Cuando la habilidad ya se realiza de forma independiente: dar elogios esporádicos.

Notas

Estrategias proactivas

Introducción

Las estrategias proactivas son herramientas que se utilizan para evitar que se produzcan problemas de conducta. Se utilizan antes de que se de el problema de conducta a fin de reducir las posibilidades de que ocurra. La mayoría de nosotros utilizamos estrategias proactivas en nuestra vida diaria para evitar frustrarnos innecesariamente y organizar nuestro trabajo. Creamos estrategias activas para ser productivos y simplificar nuestras vidas (p.ej., usando listas de tareas pendientes, agendas, alarmas, programando descansos, etc.). Las personas con autismo y otros trastornos del desarrollo pueden necesitar apoyo para aprender a manejar situaciones frustrantes y también para prepararse mejor ante estas situaciones.

Las estrategias proactivas presentadas en el próximo capítulo son efectivas en múltiples áreas incluyendo habilidades sociales, de comunicación, conductuales, de juego, pre-escolares, académicas, motoras y adaptativas.

Objetivos
- Presentar de forma clara a los estudiantes lo que se espera de ellos.
- Promover conductas positivas.
- Evitar problemas de conducta.
- Promover la autonomía y las habilidades de autogestión.

Aspectos a considerar
- ¿A qué tipo de instrucciones responde mejor el estudiante? (p.ej., instrucciones verbales paso a paso, guías visuales, etc.)
- ¿Le van mejor al estudiante los recordatorios verbales o las ayudas visuales?
- ¿Responde el estudiante a las estrategias de anticipación (*priming* conductual)?
- ¿Puede el estudiante elegir cuándo se le dan dos opciones?
- ¿Le gustan al estudiante los elogios y la atención?
- ¿Qué conductas apropiadas hace el estudiante que podrían que podrían ser recompensadas más a menudo?
- ¿Reducirá un cambio en el entorno el problema de conducta? (*Modificación del entorno*)
- ¿Puedo aumentar la motivación utilizando los intereses del estudiante? ("Sí..., entonces...")
- Mis instrucciones, ¿aportan la siguiente información al estudiante?:

- [ ] ¿Qué debo hacer?
- [ ] ¿Cuánta tarea debo hacer?
- [ ] ¿Cuándo se termina la tarea?
- [ ] ¿Qué debo hacer a continuación?

Determine la función de cada problema de conducta que desee evitar (ver pág. 33). Considere, cuáles son los "desencadenantes" habituales del problema de conducta.

Cómo utilizar las estrategias proactivas
- Determinar la función de la conducta.
- Determinar qué estrategias utilizará según la función identificada.
- Determine en qué situaciones se aplicará cada estrategia.
- Sea consistente en la aplicación de dichas estrategias.
- Recompense al estudiante tan a menudo como sea posible.

Estrategias proactivas y función de la conducta

Una vez que haya determinado la función de la conducta de interés, seleccione una estrategia de las que se enumeran a continuación y póngala en práctica. Puede elegir más de una estrategia y usarlas a la vez, siempre que se cerciore de ser consistente en su aplicación. Es importante tener en cuenta que la aplicación asilada de estas estrategias puede no evitar que se produzca el problema de conducta, no obstante, con la práctica, es más probable que vea un cambio en la conducta del estudiante.

Estrategias visuales para facilitar la atención
- En el aula, acerque el asiento del estudiante a la mesa del maestro (*Modificar el entorno*, pág. 54)

Otros consejos para fomentar la atención
- Enseñe maneras apropiadas de pedir ayuda o iniciar interacciones con otras personas.
- Preste atención con más frecuencia cuando el estudiante esta comportándose adecuadamente y no haya problemas de conducta ("pillar al estudiante portándose bien").

Estrategias visuales para escapar
- Dar alternativas relacionadas con la tarea (*Dar opciones*, pág. 62)
- Utilizar ayudas visuales que muestren lo que se espera del estudiante (p.ej., "*Sí..., entonces...*", *Programas visuales de actividades*, pág. 145, 140).
- Comenzar con tareas más fáciles intercalando tareas un poco más difíciles (*Fácil, fácil, difícil*, pág. 60)
- Dar avisos de anticipación que indiquen qué va a ocurrir y qué se espera del estudiante (*Priming* conductual, pág. 56)

Consejos adicionales para escapar apropiadamente de tareas
- Dar instrucciones claras y sencillas.
- Dar descanso de la tarea con más frecuencia cuando el estudiante no está realizando problemas de conducta ("pillar al estudiante portándose bien")
- Ajustar la dificultad o la duración de la tarea.
- Usar agendas y temporizadores.
- Enseñe maneras apropiadas de pedir un descanso de una tarea o pedir más tiempo.

Estrategias visuales para conductas mantenidas por acceso a tangibles
- Informar al estudiante de la próxima transición a una situación en la que no están sus artículos/actividades preferidos (*Priming* conductual, pág. 56.)
- Usar ayudas visuales que muestren cuándo el estudiante podrá acceder al artículo o actividad preferido (p.ej., *"Sí..., entonces", Programas visuales de actividades*, pág. 145, 140).

Consejos adicionales para conductas mantenidas por acceso a tangibles

Dar acceso a los artículos preferidos con más frecuencia cuando el estudiante no se está realizando en problemas de conducta ("Pillar al estudiante portándose bien").
- Uso de horarios y temporizadores.
- Enseñar maneras apropiadas de pedir artículos, actividades y atención de otros.

Estrategias visuales para conductas mantenidas por reforzamiento sensorial
- Enseñar una conducta alternativa que pueda satisfacer la misma necesidad sensorial y proporcione un fácil acceso a esa actividad de reemplazo (p.ej., ponga bandas de ejercicio en la parte inferior de la silla para que el estudiante las utilice en lugar de dar vueltas por el aula o salón de clases) (*Modificar el entorno*, pág. 54)

Consejos adicionales para conductas mantenidas por reforzamiento sensorial
- Enseñar al estudiante a que encuentre y utilice artículos o actividades sensoriales apropiadas de forma independiente.

Modificar el entorno

Cambiar el entorno para facilitar el desempeño del estudiante

Objetivo

Planificar con anticipación para evitar que se produzcan problemas de conducta.

Cómo

Considere el contexto habitual en el que el estudiante realizan problemas de conducta, luego altere ese ambiente para facilitar el adecuado desempeño del estudiante.

Contexto

Ejemplos

- Cambiar el lugar donde el estudiante está sentado reduciendo así sus distracciones.
- Despejar la mesa antes de comenzar la tarea para evitar la conducta de lanzar el material escolar.
- Sentarse entre el estudiante y el compañero para evitar o bloquear conductas agresivas.

Consejo

También puede alterar el ambiente para promover conductas positivas. Prueba las siguientes estrategias:

- Ponga al alcance del estudiante artículos sensoriales (ver *Productos recomendados*, pág. 150) promoviendo de este modo el juego sensorial apropiado.
- Coloque tarjetas (*flashcards*) de comunicación (ver *Herramientas*, pág. 144) cerca del estudiante mientras este se encuentre realizando una tarea difícil como recordatorio de cómo debe pedir ayuda.

En la escuela

Alterar el entorno

Al crear un espacio de trabajo sin distracciones, es más probable que el estudiante se concentre en la tarea.

Sin modificar le entorno

Cuando en el espacio de trabajo hay artículos que no son necesarios para la tarea, es más probable que el estudiante se distraiga.

En la calle

Identificar situaciones detonantes

Intente reconocer eventos o situaciones que puedan desencadenar un problema de conducta. Para este estudiante, es probable que un compañero que se acerque a sus juguetes de lugar a una conducta agresiva.

Alterar el entorno

Al cambiar intencionalmente el ambiente, el maestro es capaz de planificar y prevenir de manera proactiva el problema de conducta. Aquí vemos como el maestro se ha sentado cerca del estudiante, lo que puede fomentar el juego apropiado con su compañero.

Sin modificar el entorno

Si no modificamos el ambiente, es probable que ocurra el problema de conducta. Aquí, el maestro se ha sentado a cierta distancia y el estudiante agredió al compañero cuando este se le acercó.

Priming conductual

Avisar con anticipación para aumentar las posibilidades de éxito

Objetivo

Aumentar el éxito del estudiante con una actividad o evento próximos preparándolos para ello con anticipación.

Cómo

Antes de presentar una situación que pueda ser difícil para el estudiante, el maestro informará al estudiante sobre lo que va a ocurrir.

Puede hacerse usando una cuenta atrás ("cinco minutos para la hora de acostarse"), recordando al estudiante lo que se espera de él o ella ("Mañana vamos a una fiesta de cumpleaños, recuerda que nos sentaremos y veremos cómo Carolina abre sus regalos"). El *priming* conductual, o estrategia de anticipación, se puede utilizar en el aula mostrando al estudiante los materiales y modelando lo que debe hacer antes de pedirle que realice una nueva tarea.

Contexto

Utilice la estrategia de anticipación previamente a situaciones que son difíciles para el estudiante:
- durante transiciones de actividad,
- al hacer cambios en la programación,
- en situaciones nuevas,
- al iniciar una tarea.

Consejo

Intente utilizar ayudas visuales (ver *Herramientas*, pág. 140) para preparar al estudiante para las actividades del día.

Si no hay aviso conductual, será menos probable que se siga la instrucción

Si presentamos de improviso una demanda que puede ser difícil (apagar el videojuego), el estudiante puede tener dificultades para seguirla.

Un evento inminente

El adulto debe reconocer que un evento que se aproxima puede ser difícil para el estudiante.

Después del aviso es más probable que el estudiante realice la transición adecuadamente

Después del aviso, será más probable que el estudiante esté mejor preparado para realizar la transición.

Dar un nuevo aviso justo antes del evento

Recuerde al estudiante el evento que se avecina justo antes de que este ocurra.

Dar un aviso con antelación

Dar al estudiante un aviso con antelación cinco minutos antes de una transición o el día antes de un nuevo evento.

Término técnico: Principio de Premack

Sí ..., entonces ...

Usar una frase sencilla para facilitar la realización de actividades

Objetivo

Aumentar la motivación y facilitar la realización de actividades.

Cómo

Identificar una recompensa que motive al estudiante (p.ej., usar un iPad o smartphone, beber su refresco favorito, que le hagan cosquillas). Utilice una frase usando la estructura: "Sí (tarea objetivo), entonces (recompensa)" y entregue la recompensa una vez que el estudiante haya realizado la tarea objetivo.

Contexto

Este tipo de frase puede utilizarse en muy diversas situaciones. Antes de dar una instrucción, piensa si puedes reformularla usando la estructura "Sí..., entonces...".

Consejo

Utilice un lenguaje claro y sencillo. Por ejemplo, en lugar de usar palabras como "trabajar duro", describa la expectativa específica (p.ej., "terminar cinco problemas", "estar sentado tranquilamente en el escritorio", "leer durante diez minutos").

Sigua este consejo también al describir la recompensa (p.ej., "cinco minutos pintando en la pizarra", "sentarse en el puf durante la hora de lectura").

Trate de usar una guía visual con la estructura "Sí..., entonces..." para recordar a los estudiantes qué deben hacer para alcanzar la recompensa (ver *Herramientas*, pág. 145).

Pida algo usando frases del tipo "Sí ..., entonces ..."

Indique la tarea objetivo seguida de la recompensa que ganará el estudiante. Elija una recompensa que tenga una alta probabilidad de motivar al estudiante.

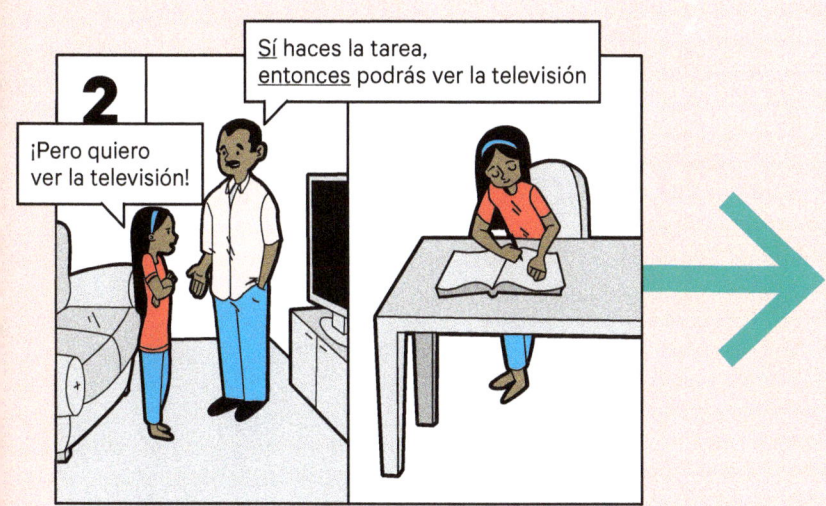

Mantenerse firme

Mantenga la demanda utilizando la frase "Sí ..., entonces ..." hasta que el estudiante haya comenzado a cumplir la condición. ¡Recuerde elogiar al estudiante cuando comience la tarea!

Reforzamiento

Después de realizar la tarea, recuerde proporcionar inmediatamente al estudiante la recompensa que le fue prometida.

Nombre técnico: Momento conductual

Fácil, fácil, difícil

Las secuencias de alta probabilidad y la realización de tareas

Objetivo

El estudiante cumplirá con una tarea difícil (p.ej., recoger sus juguetes, subirse al autobús, realizar diez problemas de matemáticas).

Cómo

Aumentar la motivación del estudiante comenzando con dos tareas consecutivas que el estudiante es capaz de realizar fácilmente. A continuación, presentar la tarea difícil después de que el estudiante haya seguido las instrucciones previas.

Contexto

Esta estrategia se puede utilizar en diferentes entornos y para una amplia variedad de tareas. Utilícela antes de presentar una demanda difícil cómo comenzar o realizar una tarea, apagar un dispositivo electrónico, o durante transiciones.

Consejo

Es recomendable que las tareas fáciles estén relacionadas con las difíciles.

Por ejemplo, si la tarea objetivo para un estudiante es empezar a trabajar en una tarea escolar en su pupitre, primero podríamos decir "tráeme la mochila" (tarea fácil) y "siéntate en tu mesa" (tarea fácil). Ello facilitará el inicio de la tarea objetivo cuando esta se presente.

Dificultad de la tarea

Al presentar inicialmente una tarea difícil, el estudiante puede sentirse abrumado, lo que puede impedir el cumplimiento de la instrucción.

Primera tarea fácil

Comience con una tarea sencilla que el estudiante puede realizar fácilmente.

Cumplimiento

Es más probable que el estudiante realice la tarea difícil después de haber tenido éxito con las tareas anteriores que eran más fáciles.

Tarea difícil

Aproveche el impulso que ha tomado el estudiante y presente la tarea difícil justo después de que haya cumplido con las tareas fáciles.

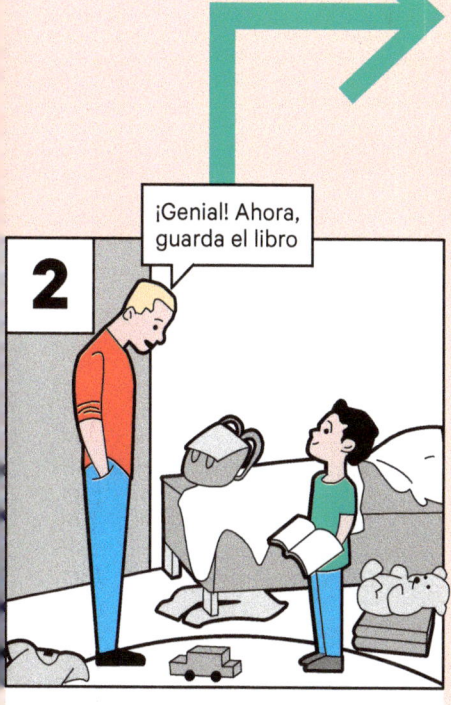

Segunda tarea fácil

Continúe dando inmediatamente otra tarea fácil de realizar.

Dar opciones

Facilitar la realización de tareas

Objetivo

Al ofrecer opciones, el estudiante tendrá más probabilidades de cooperar, estar motivado a trabajar y permanecer involucrado en la tarea.

Cómo

Cuando sea posible, ofrezca opciones relacionadas con la tarea, así como la oferta de recompensas que el estudiante puede ganar. El permitir que el tenga control sobre el ambiente hará que esté más motivado para participar.

El contexto

Los tipos de opciones relativas a las tareas pueden incluir:

- Orden en el que realizar las tareas (p.ej., realizar la tarea de lectura o escritura primero)
- Materiales a utilizar (p.ej., lápices de colores o acuarelas)
- Escoger con qué persona quieren trabajar (p.ej., mamá o papá)
- Elegir dónde sentarse (p.ej., en su escritorio o en una mesa pequeña)

Consejo

Al ofrecer opciones, el maestro puede preguntar: "¿Deseas trabajar para ganar … o …?").

Si el estudiante responde bien a ayudas visuales, el maestro puede usarlas al presentar las recompensas que el estudiante puede elegir (ver *Herramientas*, pág. 136).

Alternativas posibles

Dar opciones

La maestra ofrece opciones relacionadas con la tarea. En este caso, el estudiante elige qué puede hacer primero. También podría haberle ofrecido varios tipos de cepillos de dientes

Alternativas posibles

Ofrezca opciones

Antes de dar la demanda de tareas (test de matemáticas), la maestra indica las recompensas qu el estudiante puede ganar. Esto permite al estudiante elegir algo que le motive a trabajar.

El estudiante elige una opción

Cuando el estudiante es capaz de tomar su propia decisión, tiene más control sobre la tarea, lo que a menudo conduce a más motivación.

Cumplimiento

El estudiante logra realizar las tareas en el orden que eligió.

El estudiante elige una opción

El estudiante ha elegido una recompensa que le motiva. Puede ser útil mantener esta recompensa, o una imagen de la recompensa cerca como recordatorio de lo que ganará cuando termine el trabajo.

Cumplimiento

El estudiante logra realizar la tarea y se ha ganado la recompensa que eligió.

Estrategias reactivas

Introducción

Mientras que las estrategias proactivas se utilizan de forma casi continua para evitar problemas de conducta, las estrategias reactivas se utilizan una vez que la conducta ya ha ocurrido. Son, por tanto, consecuencias (o reacciones) a la conducta.

Mientras que mucha gente asocia la palabra "consecuencia" con algo negativo, en ABA, "consecuencia" significa simplemente *lo que pasa después de la conducta*. La consecuencia puede reforzar, es decir, incrementar la probabilidad de que el estudiante vuelva a realizar la conducta en futuras ocasiones; o castigar, es decir, reducir la probabilidad de que el estudiante vuelva a realizar la conducta en futuras ocasiones. Habitualmente seremos nosotros los que proporcionaremos las consecuencias. Al hacerlo podemos elegir cómo responder a fin de influir sobre la probabilidad de que esa conducta vuelva a aparecer en el futuro.

Consecuencias

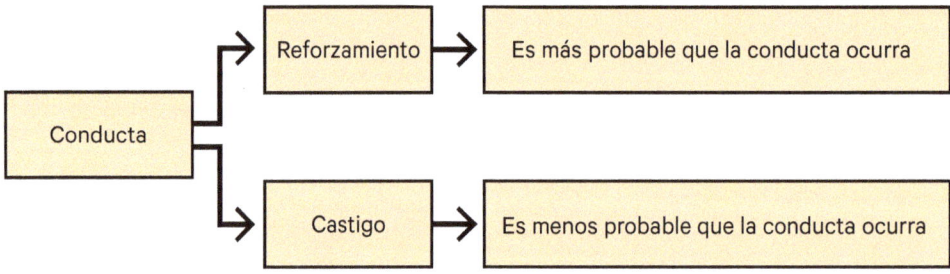

Las estrategias reactivas tienen como objetivo minimizar el reforzamiento de los problemas de conducta y maximizar el reforzamiento de conductas deseables.

Objetivos
- Aumentar conductas positivas
- Reducir problemas de conducta

Puntos a considerar
- ¿Le gusta al estudiante recibir elogios, atención?
- ¿Prefiere el estudiante recibir atención de adultos o de compañeros?
- ¿Qué artículos/actividades son más reforzantes para el estudiante?
- ¿El estudiante realiza problemas de conducta para escapar de tareas?
- ¿Con qué frecuencia necesita reforzamiento el estudiante?
- ¿Es capaz el estudiante de trabajar por recompensas demoradas?
- ¿Es capaz el estudiante de monitorizar sus propios avances hacia una meta?
- ¿Cuáles son las conductas alternativas al problema de conducta?

Cómo aplicar estas estrategias
- Determinar si desea aumentar o disminuir una conducta específica
- Elija una estrategia
- Adapte la estrategia para que se adapte al nivel de habilidad del estudiante y a las conductas de interés

Estrategias para aumentar conductas positivas
- Contrato conductual
- Economía de fichas
- Enseñanza de conductas alternativas

Estrategias para disminuir los problemas de conducta
- Extinción
- Bloqueo de conductas agresivas
- Manejo de conductas repetitivas

Nombre técnico: Secuencia de ayuda en tres pasos

Instrucción-demostración-guía física

Tres pasos para aumentar la realización de tareas

Objetivo

Aumentar el cumplimiento de tareas de baja preferencia y hacerlo sin retirar las instrucciones de realización de tareas planteadas por el maestro.

Cómo

Utilizar de forma sistemática los tres pasos (instrucción, demostración, guía física) para mantener la demanda presente.. Reforzar la conducta del estudiante cuando realice la conducta esperada.

Consejo

Utilice guías visuales mostrando los pasos de la tarea en lugares relevantes (p.ej., colgar la guía visual de "vestirse" en el dormitorio del estudiante).

Contexto

Esta estrategia es eficaz para demandas de tarea que al estudiante le cuesta realizar. Utilice la estraegia cuando el estudiante no siga una instrucción de realización de tarea. Recuerde que debe de mantener la secuencia de forma continua hasta que el estudiante realice la tarea sin ayudas, de lo contrario aprenderá que puede ignorar las instrucciones. ¡Debe mantenerse firme presentando la secuencia de tres pasos!

Consejo

Al dar una instrucción, utilice una orden en lugar de una pregunta. Por ejemplo, no diga, "¿puedes quitarte los zapatos?", ya que el estudiante podría responder, "no". Por el contrario diremos, "quítate los zapatos".

Decir

Dé la instrucción verbal para la tarea y espere cinco segundos a que el estudiante comience.

Guía física

Guíe físicamente al estudiante para que realice la tarea, eliminando la asistencia en cuanto sea posible. No proporcione reforzamiento, en su lugar, reinicie un nuevo ciclo de instrucciones.

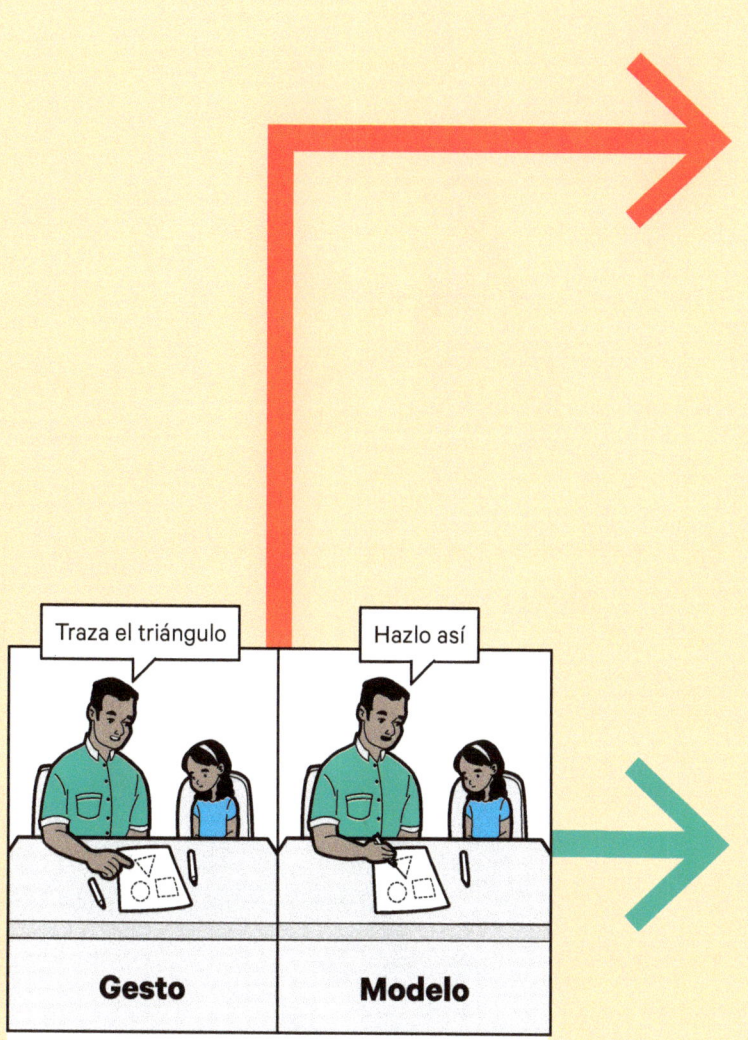

Demostrar

Dé la instrucción de nuevo junto con un gesto (señalar la tarea) o modelando la realización de la tarea (mostrando cómo hacerlo). Espere cinco segundos para obtener una respuesta.

Reforzar

Tan pronto como el estudiante comience la tarea, dé elogios. Cuando haya realizado toda la tarea, dé una recompensa mayor (p.ej., elogios efusivos, dar un juguete favorito o un descanso).

Reforzar

Tan pronto como el estudiante comience la tarea, de elogios. Cuando el estudiante finalice la tarea, da una recompensa mayor.

Economía de Fichas

Crear expectativas y recompensas claras

Objetivo

Las economías de fichas ayudan a los estudiantes a visualizar el progreso hacia una meta y a aprender a trabajar para obtener una recompensa demorada.

Cómo

Identificar las habilidades o conductas que desea promover (máximo cinco). A continuación, determine qué artículos o actividades se pueden ganar. Cree reglas sobre cómo se pueden ganar las fichas y cuando se pueden intercambiar por premios. Haga ajustes según sea necesario (pej., aumentar las fichas necesarias para ganar un premio).

Contexto

Las economías de fichas se utilizan habitualmente en el contexto escolar o doméstico. Las reglas de la economía de fichas deben estar adaptadas a las necesidades del estudiante y a las características del contexto.

Usos posibles
- Para incrementar la realización de tareas domésticas.
- Para realizar tareas escolares.
- Para prevenir problemas de conducta durante un determinado periodo de tiempo.
- Para aumentar las interacciones sociales con iguales.

Consejo

- Pida la opinión del estudiante sobre los premios que se pueden ganar.
- Cree un tablero personalizado en el que situar las fichas. Puede también personalizar las fichas siempre que estas no funcionen como premio final.

Reglas
Determine las reglas para el sistema de fichas y enséñalas al estudiante.

Ganar fichas
Agregue una ficha al tablero de fichas por cada tarea realizada o por cada ocurrencia de una conducta deseada.

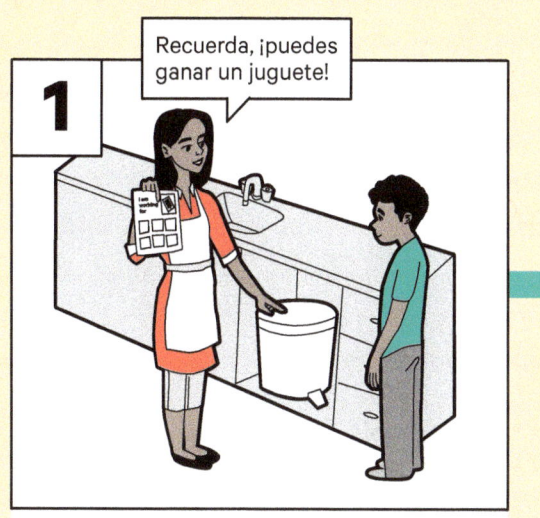

Recordar

Recuerde al estudiante qué tarea debe realizar para obtener una ficha, así como que la recompensa final que desea obtener.

Cumplir lo pactado

Proporcione elogios cuando inicie la tarea y también cuando la termine.

Ganar recompensas

Cuando el estudiante llena el tablero de fichas con fichas, gana la recompensa.

Recompensa

Dé la recompensa tan pronto como el tablero de fichas esté lleno. El tablero de fichas se borrará y estará listo para usarse de nuevo.

Nombre técnico: Reforzamiento diferencial de conductas alternativas

Enseñar conductas alternativas

Reemplazar el problema de conducta por una conducta adecuada

Objetivo

Reducir problemas de conducta y enseñar una conducta alternativo más apropiado.

Cómo

Identifique la función del problema de conducta y enseñe al estudiante una manera más apropiada de satisfacer sus necesidades. Refuerce solo la conducta apropiada e ignore o redirija el problema de conducta.

Contexto

Una vez haya identificado la conducta alternativa, refuércela (p.ej., ofreciendo elogios, atención, etc.) cada vez que el estudiante realice dicha conducta. Con el tiempo, cuando la conducta altenrnativa se haya realizado con éxito muchas veces, reduzca las ocasiones en las que entrega el reforzador por la conducta altenrativa.

Consejo

Para problemas de conducta que ocurren porque el estudiante desea un artículo específico, como un juguete o un alimento preferido (función de acceso a artículos favoritos), pedir apropiadamente el artículo puede ser la conducta alternativa a implantar (ver *Enseñar a pedir*, pág. 106).

Para problemas de conducta asociados a la negativa a realizar una tarea (función de escape), la conducta alternativa podría ser pedir un retraso en el inicio de la tarea o realizar parte de la tarea obteniendo un descanso por ello..

1. Identificar el objetivo y la función de la conducta

Aquí, el estudiante está intentando llamar la atención de la maestra.

2. Enseñar la conducta alternativa

Enseñe al estudiante una manera más apropiada de conseguir lo que quiere.

Aquí, la maestra está mostrando al estudiante que si quiere su atención, debe levantar la mano en lugar de gritar.

Cantidad de reforzamiento

Cuanto más independiente sea el estudiante al realizar la conducta alternativa, tanto mayor será la cantidad de reforzamiento debe recibir. Aquí la maestra está prestando atención adicional al acercarse al escritorio del estudiante al darle la palabra.

Reforzar la conducta adecuada

Cada vez que el estudiante se comporta de forma más adecuada, deberemos reforzar inmediatamente (aquí, la maestra proporciona atención dando la palabra al estudiante). Si el estudiante realiza el problema de conducta, vuelva al paso 2. Recuerde al estudiante la conducta que debe hacer.

Reforzar a los demás

Es importante proporcionar reforzamiento (en este ejemplo, prestando atención) a otros estudiantes que hacen conductas adecuadas. Ignore el problema de conducta. Esto le dará una pista al estudiante de lo que debe hacer para obtener la atención que quiere recibir.

Extinción funcional

Atención y acceso a artículos preferidos

Objetivo

Reducir eficazmente el problema de conducta

Cómo

Identificar el reforzador de la conducta para, a continuación, restringir el acceso a dicho reforzador.

Para identificar el reforzador recopile datos ABC (ver pág. 30) para al menos cuatro ocurrencias de la conducta de interés.

Busque patrones regulares a fin de identificar la función (motivo por el que ocurre la conducta). Dispone de más información en la pág. 33.

Contexto

Una vez haya identificado la función, use extinción en todos los contextos instando a todas las personas relevantes a aplicarla. Cuanto más consistente sea la extinción, mayor será su efecto en la reducción del problema de conducta.

Consejo

Si se trata de un problema de conducta grave (p.ej., agresión, conducta autolesiva, etc.), recurra a un profesional. En tales casos puede no ser adecuado usar ignorar planeado.
- Si utiliza bloqueo físico, reduzca el contacto físico al mínimo imprescindible.
- Mantener una expresión facial neutra.
- Evitar el contacto visual.
- Abstenerse de hablar con el estudiante

Problema de conducta

Un ejemplo de problema de conducta (tirar material escolar al suelo) y sus posibles funciones.

Función **Tangible**

Conduca aprendida

El estudiante ha aprendido a través de la experiencia que el problema de conducta le permite acceder a un artículo preferido.

Extinción

Después del problema de conducta, no se permite que el estudiante acceda al artículo deseado.

Función **Atención**
(ignorar programado)

Conducta aprendida

El estudiante ha aprendido a través de la experiencia que el problema de conducta llama la atención de otros. Recuerde que las reprimendas (p. ej. "No," "no hagas eso," "dejar de hacer eso") son también formas de atención.

Extinción

Después del problema de conducta, no precto ninguna atención al estudiante. Evite el contacto visual y mantenga un gesto neutro.

Extinción funcional

Funciones de escape y sensorial

Objetivo

Reducir eficazmente el problema de conducta.

Cómo

Identificar el reforzador de la conducta para, a continuación, restringir el acceso a dicho reforzador.

Para identificar el reforzador recopile datos ABC (ver pág. 30) para al menos cuatro ocurrencias de la conducta de interés.

Busque patrones regulares a fin de identificar la función (motivo por el que ocurre la conducta). Dispone de más información en la pág. 33.

Contexto

Una vez haya identificado la función, use extinción en todos los contextos instando a todas las personas relevantes a aplicarla. Cuanto más consistente sea la extinción, mayor será su efecto en la reducción del problema de conducta.

Consejo

Cuando la función de la conducta sea espace, use la secuencia de ayudas instrucción-demostración-guía física (pág. 68) a fin de mantener la demanda presente. Recomendamos el asesoramiento de un profesional certificado antes de aplicar un procedimiento de extinción.

Problema de conducta

Un ejemplo de problema de conducta (tirar el material escolar al suelo) y sus posibles funciones.

Función **Escape**

Conducta aprendida

El estudiante ha aprendido a través de la experiencia que el problema de conducta le permite escapar de una tarea no preferida.

Extinción

Después del problema de conducta, no permita que el estudiante evada la tarea. Continúe presentando la tarea hasta que la cumpla adecuadamente.

Función **Sensorial**

Conducta aprendida

El estudiante ha aprendido a través de la experiencia que el problema de conducta causa una sensación agradable.

Extinción

Identificar maneras de alterar el entorno o los materiales para que no produzcan el feedback sensorial que hace que el estudiante experimente una sensación agradable cuando realiza la conducta.

Bloqueo del problema de conducta

Bloquear y redirigir a una conducta alternativa

Objetivo

La maestra bloqueará el problema de conducta y redirigirá al estudiante a una conducta de sustitución apropiada.

Cómo

Cuando el estudiante intente realizar el problema de conducta, la maestra bloqueará la conducta y redigirá inmediatamente al estudiante a una conducta alternativa apropiada. Es fundamental que la maestra entienda porqué ocurre el problema de conducta para que poder redirigir la conducta con eficacia (consulte *Funciones de la conducta*, pág. 33).

Contexto

Utilice esta estrategia cuando el estudiante se realice o intente realizar un problema de conducta.

Ejemplo

Un estudiante hace conductas de pica (ingesta de objetos no comestibles). Por ejemplo, un estudiante comienza a comerse una bola de plastilina. La maestra bloquea la conducta quitando la plastilina de la boca del estudiante y situando sus dedos delante de la boca. La maestra redirige mostrando al estudiante cómo construir una figura con plastilina.

Consejo

En el caso de conductas agresivas el bloqueo puede realizarse interponiendo la mano y el antebrazo manteniendo abierta la palma de la mano. También es recomendable despejar el área de objetos que puedan ser lanzados por el estudiante.

Problema de conducta

El estudiante se acerca al maestro e intenta realizar el problema de conducta.

Nota: La maestra ya sabe por qué este estudiante se golpea; la función es llamar la atención.

Bloquear

La maestra bloquea el problema de conducta.

Redirigir

La maestra redirige a la estudiante a una conducta más apropiada.

Aquí, la maestra está modelando cómo tocar en su hombro para llamar la atención. La maestra ignora al estudiante (no dando atención), hasta que el estudiante le toque el hombro correctamente.

Reforzar la conducta apropiada

Cuando el estudiante muestre una conducta apropiada, la maestra proporcionará reforzamiento.

Aquí, el estudiante está tocando en el hombro a la maestra solicitando atención. Esto es apropiado, así que la maestra se vuelve y ofrece atención.

Nombre técnico: Interrupción y redirección de repuesta

Manejo de la conducta repetitiva

Disminución de las conductas vocales o motoras repetitivas

Objetivo

Con el tiempo, disminuir la realización de conductas vocales o motoras repetitivas (p.ej., repetición de sonidos vocales, aleteo repetitivo, movimientos repetitivos del cuerpo tales como mecerse).

Cómo

Cuando ocurra la conducta repetitiva, interrumpa inmediatamente la conducta y redirija al estudiante a otra conducta.

Contexto

Esta estrategia se puede utilizar en cualquier momento en que ocurra una conducta repetitiva. Esta estrategia debe ayudar a reducir la ocurrencia de la conducta con el tiempo.

Consejo

Varíe los tipos de interrupción y redirección que utiliza para fomentar que el estudiante siga realizando conductas adecuadas..

Vocal

Sonidos vocales repetitivos

Siga estos pasos inmediatamente después de escuchar sonidos vocales repetitivos.

Físico

Movimientos físicos repetitivos

En el caso de movimientos físicos repetitivos, siga estos pasos inmediatamente después de observar la conducta.

Interrumpir

Interrumpa o bloquee la conducta. Una forma de bloquear las conductas vocales repetitivas es interrumpir al estudiante.

Redirigir

Redirija al estudiante para que realice una conducta que no puede hacer al mismo tiempo que la conducta repetitiva. Para conductas vocal, pida que conteste una pregunta o copie un sonido que imite un sonido que usted le presente.

Interrumpir

Interrumpa o bloquee la conducta. Para movimientos físicos, interrumpa iniciando un movimiento diferente.

Redirigir

Redirija al estudiante para que realice una conducta que no se pueda hacer al mismo tiempo que la conducta repetitiva. Para movimientos físicos, pruebe con "¡choca esos cinco!", dar vueltas o apretar los puños.

Enseñanza de nuevas habilidades

Introducción

Muchos padres y maestros comparten la meta común de lograr que el estudiante realice nuevas habilidades y llegue a ser más independiente, ya sea en actividades de cuidado personal, en la mejora de las habilidades de comunicación expresiva, o en el aprendizaje de habilidades sociales y de juego o, incluso, en el desarrollo de habilidades académicas. Las habilidades que se desea que el estudiante aprenda pueden cambiar con el tiempo. Afortunadamente, las estrategias que presentamos en este capítulo pueden usarse en diferentes situaciones y con estudiantes de diferentes edades. Es importante reconocer que los estudiantes pueden adquirir habilidades a diferentes tasas y que un mismo estudiante puede aprender algunas habilidades más rápidamente que otras. Con práctica y paciencia, podrá ayudar a que el estudiante haga cambios significativos en su vida.

Hay diversas estrategias eficaces, así como varios estilos de enseñanza, por lo que es importante considerar cómo el estudiante aprende mejor. En ABA, las metas de adquisición de habilidades suelen personalizarse para satisfacer las necesidades específicas del estudiante. Responda a las preguntas que se enumeran a continuación ("cosas a considerar") para determinar cómo crear un objetivo razonable para su estudiante y cómo ayudar de la mejor manera a lograr dicho objetivo.

Objetivos
- Crear independencia
- Mejorar las habilidades ya existentes
- Enseñar nuevas habilidades

Puntos a considerar
- ¿Cuál es el nivel del estudiante en la habilidad de interés?
- ¿Cuál sería un objetivo razonable para el estudiante considerando su nivel de habilidad?
- ¿Aprende mejor el estudiante viendo o haciendo?
- ¿Aprende mejor el estudiante con instrucciones visuales o verbales?
- ¿Con quién puede practicar el estudiante esta habilidad?
- ¿De qué maneras puede practicar el estudiante esta habilidad?

Aplicación
- Determine qué tipo de habilidad desea enseñar
- Elija una estrategia
- Ajuste la estrategia para que coincida con el nivel de habilidad del estudiante

Estrategias para aumentar las habilidades de comunicación
- Enseñar nuevas formas de solicitar o pedir

Estrategias para aumentar la independencia
- Análisis de tareas
- Resolución de problemas

Estrategias para aumentar las habilidades sociales
- Emparejamiento
- Atención conjunta
- Habilidades de juego

Estrategias a utilizar al enseñar cualquier tipo de habilidad
- Moldeamiento
- Modelado
- Enseñanza naturalista
- Generalización

Emparejamiento

Construir relaciones para aumentar el éxito

Objetivo

Lograr el cumplimiento de instrucciones dadas por adultos y mejorar las interacciones sociales con compañeros.

Cómo

El estudiante asociará su presencia con la de actividades y artículos preferidos, es decir, asociará estar con usted con experiencias divertidas. Esto hará que el estudiante tenga más probabilidades de seguir sus instrucciones y, si lo mismo ocurre con sus compañeros, será más probable que participe en interacciones sociales con estos.

Contexto

El emparejamiento es importante cuando se establece una relación con una nueva persona, como un nuevo maestro o un nuevo amigo. Los padres pueden también poner en practica el emparejamiento para mejorar relaciones ya existentes.

Consejo

Una buena manera de quedar asociado como alguien "divertido" consiste en presentar juguetes y actividades a las que el estudiante sólo tiene acceso con usted u ofrecer ayuda en actividades preferidas del estudiante, por ejemplo, ayudando al estudiante a construir una vía de tren.

Favorecer el seguimiento

Identificación de preferencias

Presente al estudiante varios artículos o actividades y vea cuáles elige.

Mejorar las habilidades sociales

Identificación de preferencias

Presente al estudiante varios artículos o actividades y vea cuáles elige.

Juega sin demandas

Únete a la actividad que eligió y juega sin dar ninguna demanda (incluyendo "demandas de jugar" como "empujarlo de esta manera" o "ir más rápido"). ¡Sigue la pista del estudiante!

Emparejamiento con iguales

Dé a otro estudiante un artículo que pueda ayudar con la actividad que el estudiante principal ha elegido.

Ayudar en el juego con otros niños

Al hacer que un compañero lleve nuevos artículos a una actividad lúdica preferida, el estudiante tendrá más probabilidades de tener una reacción positiva hacia ese compañero comenzando así a socializar.

Enseñanza naturalizada

Encontrar momentos de enseñanza

Objetivo

Enseñar habilidades en las rutinas naturales del estudiante y durante actividades diarias a fin de fomentar el aprendizaje en contextos naturales.

Cómo

Busque maneras de aumentar las oportunidades de aprendizaje en el día a día del estudiante.

Considere las habilidades que el estudiante está aprendiendo actualmente y cree oportunidades para practicar estas habilidades en contextos naturales. Por ejemplo, si un estudiante está aprendiendo los colores y está jugando con piezas de Lego, el maestro podría proponer: "¡Vamos a construir una torre azul!"

Contexto

La enseñanza debe ocurrir durante rutinas o actividades diarias típicas. El maestro podrá crear más oportunidades de aprendizaje si diseña materiales que se adapten a dichas actividades o rutinas.

Consejo

¡Siga la dirección del estudiante! Observe lo que interesa al estudiante y piense, "¿cómo puedo poner al estudiante en *momento* de aprendizaje en esta situación?"

Habilidad que quiero enseñar

_____
_____
_____
_____
_____
_____
_____

Maneras naturalizadas en que puedo enseñar esta habilidad

_____
_____
_____
_____
_____
_____
_____
_____
_____
_____
_____
_____
_____
_____
_____
_____
_____
_____
_____
_____
_____
_____

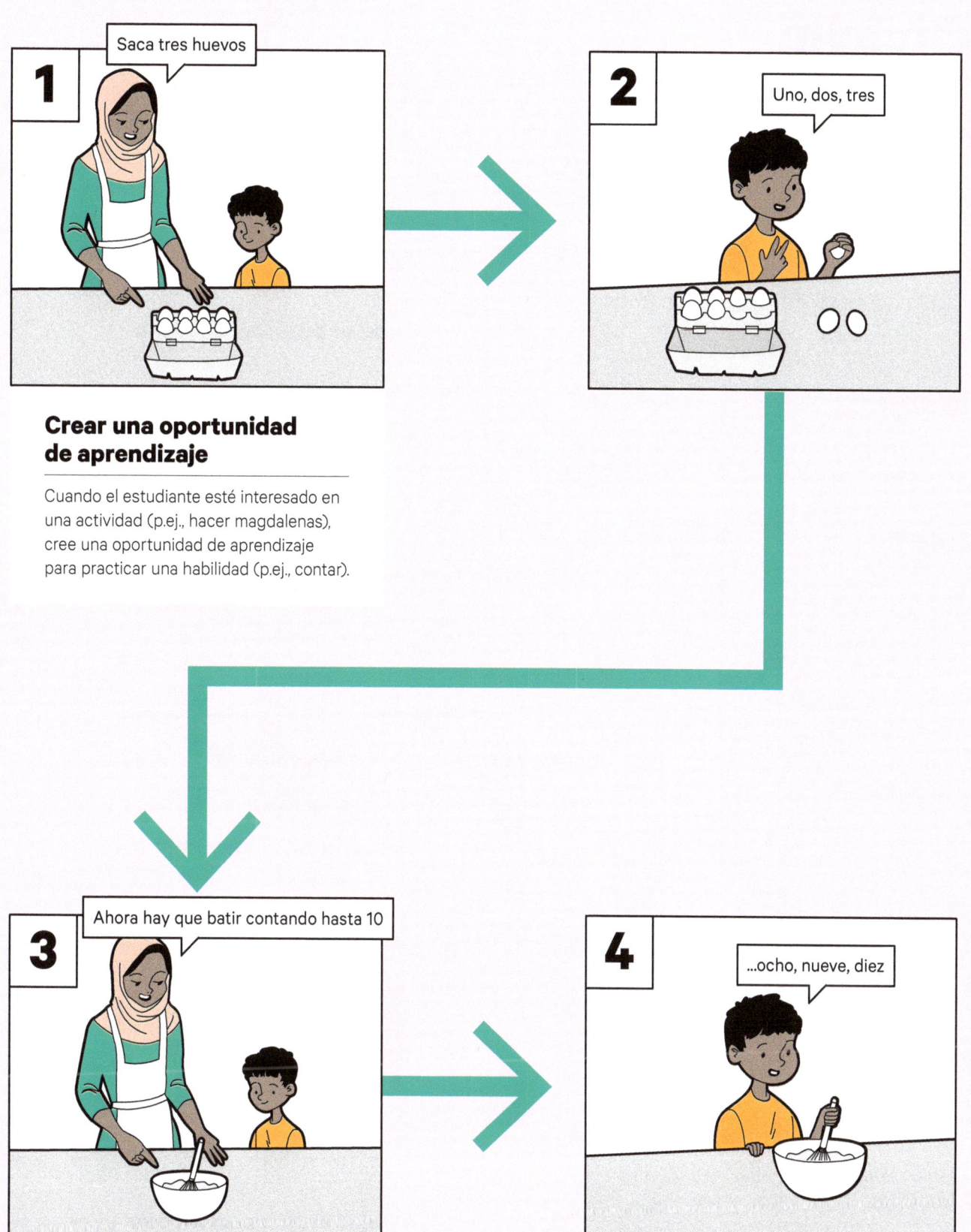

Crear una oportunidad de aprendizaje

Cuando el estudiante esté interesado en una actividad (p.ej., hacer magdalenas), cree una oportunidad de aprendizaje para practicar una habilidad (p.ej., contar).

Nombre técnico: Análisis de tareas

Dividir habilidades

Enseñar una habilidad nueva y compleja al dividirla en una secuencia de pasos más pequeños

Objetivo

Enseñar una habilidad nueva y compleja dividiéndola en una secuencia de pasos más pequeños.

Cómo

El maestro creará el análisis de tareas poniendo por escrito todos los pasos necesarios, por pequeños que sean, para realizar la tarea o actividad.

El maestro enseñará sistemáticamente cada paso, uno a uno, proporcionando asistencia según sea necesario.

Contexto

El análisis de tareas se utiliza a menudo para enseñar habilidades adaptativas tales como lavarse las manos, cepillarse los dientes, vestirse, atarse los zapatos, hacer tareas, preparar una comida o cruzar la calle. Cree un análisis de tareas para cualquier habilidad compleja que pueda dividir en pasos más simples.

Consejo

Practique los pasos usted mismo después de haber creado el análisis de tareas para asegurarse de que están en la secuencia correcta y de que no se omitió ningún paso importante. A menudo, las ayudas visuales son una manera excelente de facilitar la secuencia de habilidades (ver la sección *Herramientas* en la pág. 142). Trate de ir reduciendo las ayudas y de aumentar la independencia con la que el estudiante realiza la habilidad cada vez que la practica.

Crear el análisis de tareas

El maestro escribirá los pasos necesarios para realizar la tarea. Cada paso debe ser una acción simple.

Ayudar al estudiante paso a paso: ayuda de modelo

El padre está usando una "ayuda de modelo", mostrando al estudiante cómo hacer el siguiente paso.

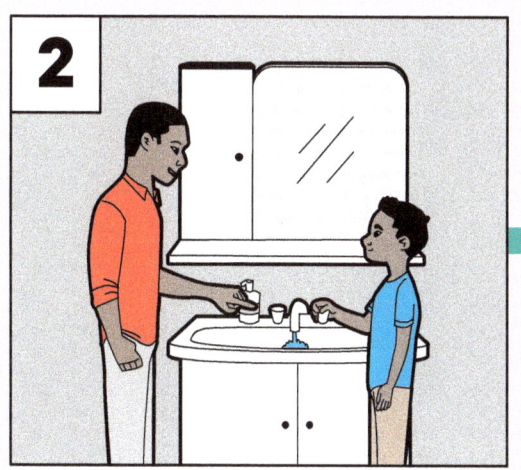

Ayudar al estudiante paso a paso: ayuda gestual

Si el estudiante necesita ayuda, proporcione una "ayuda" o recordatorio de qué debe hacer. En el ejemplo, el padre está señalando el grifo para recordarle al estudiante que lo abra.

Ayudar al estudiante paso a paso: ayuda verbal

El padre está proporcionando una "ayuda verbal" diciendo al estudiante cuál es el siguiente paso.

Reforzar la autonomía

Elogie la realización de los pasos que el estudiante puede hacer independientemente (en estos casos absténgase de ayudar).

Reforzar el aprendizaje

De elogios específicos (indicando exactamente lo que se hizo bien) cada vez que el estudiante realice un paso por primera vez de forma independiente.

Resolución de problemas I

Encontrar soluciones a situaciones diarias de forma independiente

Objetivo

El estudiante logrará reconocer de forma independiente un problema, generará posibles soluciones, elegirá una solución y evaluará su eficacia.

Cómo

Guíe al estudiante a través de cada paso del proceso de solución de problemas tratando de obtener su colaboración e intentando que lo llegue a hacerlo de forma independiente.

Contexto

Utilice estos pasos cada vez que surja un nuevo problema. El proceso es el mismo tanto si se da una dificultad de poca importancia (p.ej., quedarse sin papel de cuaderno), como si se trata de un problema significativo (p.ej., ser intimidado en la escuela).

Problema

El estudiante encuentra un problema.

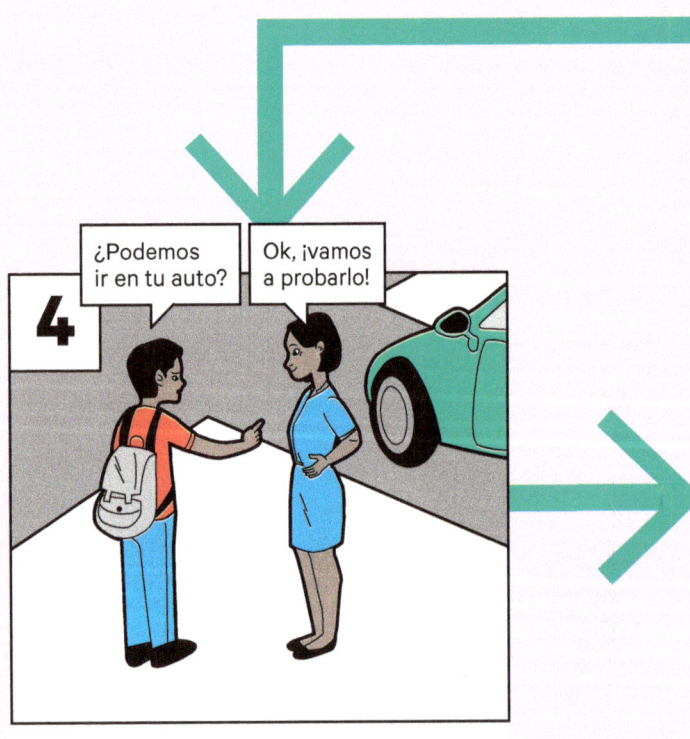

Escoger

Anime al estudiante a elegir una solución y probarla.

Identifique cuál es el problema

En primer lugar, pida al estudiante que identifique cuál es el problema.

Dar opciones

Junto con el estudiante, haga un listado de tantas opciones de solución como sea posible, buenas o malas.

Evaluar

Evalúe si la solución funcionó o si necesitas probar una solución diferente.

Conclusión

Si la solución elegida resolvió el problema, se alcanza el objetivo. Si no es así, vuelva al paso 4.

Resolución de problemas II

Encontrar soluciones a situaciones diarias de forma independiente

Objetivo

Enseñar a encontrar soluciones a problemas novedosos de forma independiente.

Cómo

Enseñar qué hacer cuando el estudiante se encuentre con un problema nuevo. El estudiante aprenderá a probar varias soluciones hasta que de con la resolución del problema.

Contexto

Estos pasos pueden usarse ante diversos problemas: cuando se pierde un objeto, se rompe un juguete, no se puede alcanzar un objeto, ante una tarea demasiado difícil, etc.

Consejo

Es posible que el maestro tenga que dar ayuda inicialmente al estudiante al realizar estos pasos, por ejemplo, dando sugerencias de soluciones o animándole a que intente otra solución. Con la práctica, el estudiante debe realizar los pasos de forma independiente.

Identificar el problema

El estudiante identifica cuál es el problema exacto. Aquí, el estudiante no encuentra un artículo que necesita para realizar la tarea.

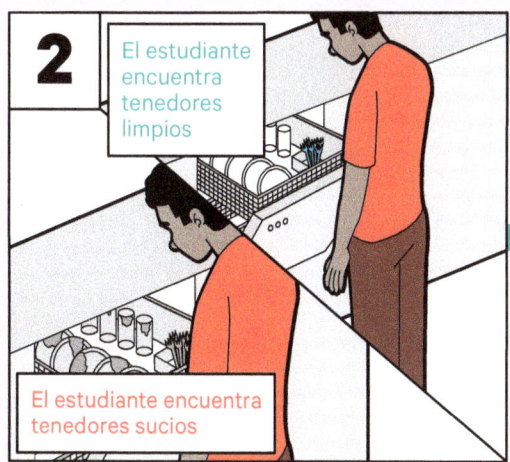

Pruebe la solución 1

El estudiante debe pensar y probar la primera solución. Si esto funciona, pueden realizar la tarea. Si no funciona, pasa al siguiente paso.

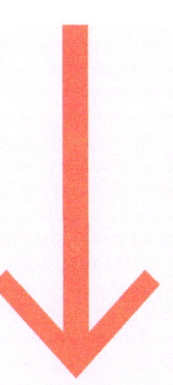

Problema resuelto

El estudiante pudo encontrar una solución exitosa y ahora puede realizar la tarea.

Pruebe la solución 2

El estudiante debe pensar y probar otra solución. Si esto funciona, podrá realizar la tarea. Si no funciona, siga probando nuevas soluciones.

95

Moldeamiento y desvaneciendo

Enseñar una nueva habilidad

Objetivo

<u>Moldeamiento</u>: Enseñar una nueva habilidad.
<u>Desvaneciendo</u>: Aumentar la autonomía gradualmente.

Cómo

Reforzar el progreso del estudiante cuando se aproxime cada vez más a la habilidad objetivo real. Esto se puede hacerse poco a poco (ver el primer ejemplo a la derecha) o durante una sesión con intentos repetidos (ver el segundo ejemplo a la derecha).

Para moldear una habilidad, comience enseñando una pequeña parte de la habilidad y continúa construyendo la habilidad con la práctica. En el desvaneciendo, comience proporcionando ayuda total y luego desvanezca la ayuda gradualmente.

Contexto

El moldeamiento se utiliza con frecuencia cuando se enseña comunicación expresiva (por ejemplo, al enseñar a un estudiante a hablar), pero se puede utilizar con una amplia variedad de habilidades.

El desvaneciendo se utiliza a menudo cuando se enseñan habilidades adaptativas y el maestro ha utilizado inicialmente ayuda total para luego para luego ir retirando la ayuda gradualmente para que el estudiante realice la habilidad de forma independiente.

Moldeamiento
del lenguaje

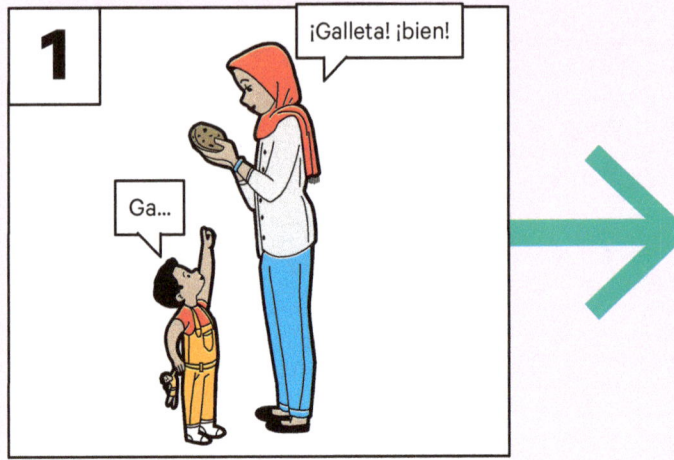

Comenzar a aprender

Reforzar cualquier aproximación a una nueva habilidad. En el caso de comunicación expresiva, esto podría ser el primer sonido de una palabra. Aquí, el estudiante recibirá una galleta como reforzamiento de cualquier intento de decir "galleta."

Desvaneciendo
Desarrollo de la independencia

Comenzar a aprender

Reforzar cualquier inicio de una nueva habilidad. Para las habilidades adaptativas, es posible que necesite empezar con guía física completa. Aquí, el reforzamiento puede ser dar elogios, o dar acceso a un artículo favorito después de que el estudiante haya practicado la nueva habilidad.

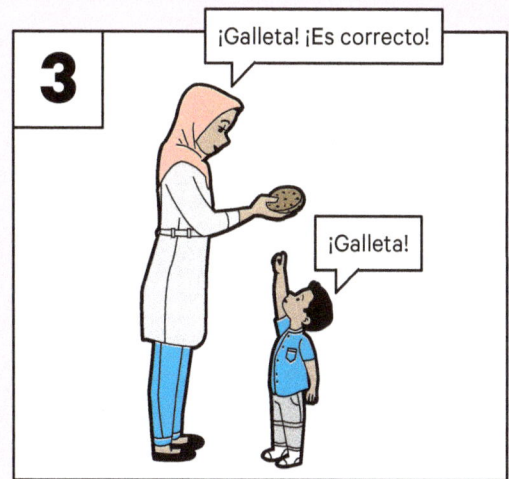

Mejora gradual

Reforzar progreso. Cuando el estudiante ha mejorado en la habilidad, sólo reforzar ese nivel de la habilidad (p.ej., no dé una galleta si sólo dice "ga").

Independencia

Cuando el estudiante ha dominado la habilidad, sólo reforzar ese nivel de la habilidad (es decir, sólo dé la galleta si dice "galleta").

Mejora gradual

Reforzar el progreso. A medida que el estudiante vaya mejorando, retire lentamente la ayuda, ello aumentará la independencia del estudiante.

Independencia

Desvanezca la ayuda hasta que el estudiante esté haciendo la habilidad de forma independiente.

Modelado

Enseñar con el ejemplo.

Objetivo

Que el estudiante aprenda la habilidad copiando las acciones que observa en un modelo que realiza la habilidad de interés.

Cómo

Realizaremos la habilidad específica que queremos que el estudiante aprenda, es decir, "modelaremos" la habilidad. El estudiante puede comenzar a imitarle independientemente, o puede ayudarle dando la instrucción "¡Ahora tú!" o "¡Inténtalo!" para animarle a imitar la habilidad.

Contexto

El modelado se utiliza a menudo en la vida cotidiana como medio para aprender nuevas habilidades. Es muy habitual que las personas aprendan habilidades sociales y habilidades de adaptativas observando las acciones de los demás. Deberemos promover el aprendizaje de nuevas habilidades siguiendo los pasos del modelado.

Consejo

El videomodelado también ha demostrado ser una estrategia de aprendizaje eficaz, especialmente en la enseñanza de habilidades sociales y habilidades de juego. En el videomodelado el estudiante ve un vídeo de alguien realizando la habilidad para luego imitar la habilidad por su cuenta.

Modelando
Habilidades sociales

Modelar

Realiza la habilidad objetiva en una situación en la que esta habilidad podría esperarse de forma natural.

Aquí, los maestros están modelando las habilidades de conversación mientras cenan.

Modelado
Habilidades de autoayuda

Modelar

Realiza la habilidad de interés usando materiales de uso común.

Aquí, el maestro está modelando cómo sostener el lápiz y escribir el nombre de la estudiante.

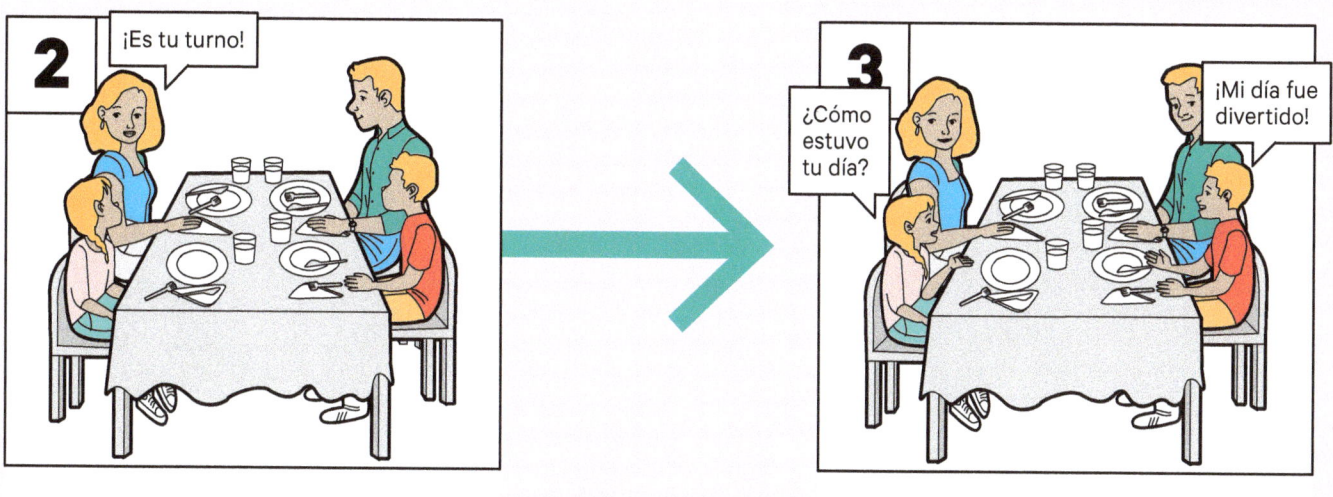

Pedir

Justo después del modelo, pida al estudiante que imite la habilidad.

Retroalimentación

Proporcione retroalimentación sobre lo que se hizo bien y lo que podría mejorarse para la próxima vez.

Pedir

Inmediatamente después del modelo, pida al estudiante que imite la habilidad.

Retroalimentación

Proporcione retroalimentación sobre lo que se hizo bien y lo que podría mejorarse para la próxima vez.

Generalización

Ampliar el aprendizaje

Objetivo

Ampliar el aprendizaje de una habilidad en un entorno particular (p.ej., atarse los zapatos en casa) para luego usar esa habilidad en otros contextos (p.ej., escuela, parque) y de varias maneras (p.ej., atarse los zapatos, con zapatos diferentes). El objetivo de la "generalización" es que la habilidad se de en contextos distintos al de instrucción.

Cómo

Al enseñar una nueva habilidad, considerar diferentes ubicaciones, personas y materiales que podrían utilizarse para generalizar la habilidad de interés.

Contexto

Todas las habilidades deben ser generalizadas antes de que podamos decir que un estudiante "domina" la habilidad. Deberemos enseñar y practicar la habilidad en diversos contextos hasta que el estudiante pueda realizar la habilidad en situaciones novedosas. Por ejemplo, enseñe al estudiante a contestar a la pregunta "¿Cómo te llamas?" cuando la realiza su padre, su maestro y su hermana. Si un compañero le pregunta al estudiante, "¿Cómo te llamas?" y el estudiante responde correctamente, es probable que el estudiante haya logrado dominar la habilidad.

Consejo

Con algunos estudiantes, puede ser preferible enseñar la habilidad en un entorno estructurado antes de practicarla en contextos nuevos. Con otros estudiantes es posible enseñar en diversos contextos desde el principio. ¡Piensa en cómo aprende mejor tu estudiante!

Enseñar la habilidad

- Con varias personas
- En varios entornos
- Con varios materiales
- Uso de un lenguaje variado
- En varias horas del día

Habilidades de juego

Enseñar habilidades de juego para mejorar las relaciones sociales

Objetivo

Ayudar al estudiante a progresar a través de la habilidad de jugar con el fin de que pueda desarrollar sus relaciones sociales.

Cómo

- Determinar el nivel del repertorio de conductas de juego del estudiante.
- Establecer como objetivo un nivel más avanzado de conducta de juego.
- Practique el tipo de juego seleccionado con el estudiante modelando la conducta de juego y haciendo comentarios relacionados con el juego (p.ej., "¡Soy pirata!")
- Reforzar los intentos del estudiante de copiar la conducta de juego que Vd. está modelando.

Contexto

Al enseñar habilidades de juego, es útil practicar las habilidades con el estudiante unas cuantas veces antes de pasar a jugar con sus compañeros.

Cuando el estudiante esté listo para practicar con compañeros, el maestro puede ayudar inicialmente modelando la conducta, para luego retirarse gradualmente y dejar que los estudiantes jueguen solos.

1. El espectador

El estudiante está viendo jugar a sus compañeros, pero no está interactuando con ellos ni con los materiales de juego.

4. Juego simbólico

El estudiante está usando artículos de manera creativa para representar una escena o personaje imaginados.

2. Juego paralelo

El estudiante está jugando junto a sus compañeros y puede o no estar realizando la misma actividad. Sin embargo, no están interactuando con sus compañeros.

3. Juego asociativo

El estudiante está jugando con los mismos materiales que un compañero y puede hablar con el compañero o mirarlo, pero no están cooperando juntos para realizar la actividad.

6. Juego cooperativo

Los estudiantes juegan en un juego o actividad juntos y comparten un objetivo común. Usan habilidades sociales para seguir turnos y hablar de la actividad.

5. Juego social

El estudiante aprende habilidades de juego social, por ejemplo, comparte juguetes y guarda turnos. El estudiante puede solicitar artículos al compañero.

103

Atención conjunta

Repertorio social temprano que consiste en compartir un interés común

Objetivo

Enseñar al estudiante a seguir, iniciar y participar en a las interacciones sociales compartiendo un interés común con otros. La atención conjunta también ayuda a los estudiantes a aprender a usar expresiones faciales y gestos de otras personas como fuentes de información.

Cómo

Usa estrategias de moldeamiento (ver pág. 96) para enseñar dos tipos principales de atención conjunta: responder a la atención conjunta e iniciar la atención conjunta. Practique con diferentes juguetes, actividades y personas (adultos e iguales).

Contexto

Enseñaremos y refinaremos estas habilidades en entornos naturales y de ocio. Para ello crearemos juegos dirigidos a desarrollar habilidades de atención conjunta. Por ejemplo, oculte un juguete y enseñe al estudiante a seguirlo con la mirada y girando la cabeza hasta encontrarlo.

Consejo

Use expresiones verbales y faciales exageradas mientras interactúa con un juguete para ayudar al estudiante a aprender a usar las expresiones faciales de otras personas como un indicador de lo que la persona piensa. Por ejemplo, al caer una torre de bloques, realice un expresión exagerada de "sorpresa" levantando las cejas, cubriéndose la boca, diciendo "¡oh, oh!". Si el estudiante le mira, recompense la conducta diciendo, por ejemplo, "¡bien, me gusta que me mires!" o haciéndole cosquillas unos segundos..

Con la maestra

Responder

Utilice un juguete preferido para llamar la atención del estudiante. Mueva el juguete y anime a la estudiante a seguirlo con su mirada. Pase el juguete delante de su cara para promover el contacto visual durante el juego.

Iniciar

Reforzar cualquier iniciación de atención conjunta del estudiante. Si el estudiante apunta a algo, mire y responda positivamente. Ejemplo: oculte un juguete y enseñe al estudiante a seguirlo con la mirada o girando la cabeza.

Con compañeros

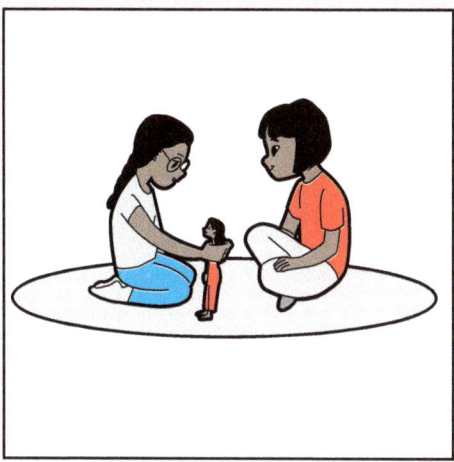

Responder a compañeros

Facilitar que el estudiante responda de forma adecuada a un compañero entregando juguetes preferidos a los que ambos puedan prestar atención al mismo tiempo. Es posible que debas de dar una ayuda para que el otro niño preste atención (p.ej., "¡Mira, tiene una muñeca!").

Iniciar la comunicación con iguales

Colocar los artículos o actividades preferidos entre pares para animarlos a jugar e interactuar juntos.
Es posible que necesite dar ayudas para iniciar la atención conjunta y mantener la atención.

Habilidades prerrequisitas necesarias

Estudiante
- Ser capaz de solicitar necesidades
- Ser capaz de copiar a otros

Maestro
- Emparejado como reforzador (el maestro ha sido divertido o está asociado a actividades divertidas)

Nombre técnico: Entrenamiento de mandos

Enseñar a pedir

Enseñar a expresar deseos y necesidades

Objetivo

- Reducir un problema de conducta enseñando al estudiante una conducta de sustitución más apropiada que le permita satisfacer sus necesidades
- Desarrollar habilidades de comunicación

Cómo

Enseñar al estudiante qué decir exactamente para solicitar sus necesidades de manera apropiada. Dependiendo del estudiante, esto podría ser una solicitud vocal con una sola palabra ("Galleta"), una solicitud de varias palabras ("Quiero una galleta"), un signo del lenguaje de signos o el intercambio de una imagen (PECS). No entregaremos el artículo o la atención deseada hasta que haya una respuesta correcta. Repetiremos este proceso hasta observar el efecto esperado.

Contexto

Utilice esta estrategia cuando el estudiante desee obtener un juguete, comida, atención, ayuda con una tarea, etc. Esta motivación puede manifestarse por el intento de alcanzar algún objeto por parte del estudiante o por la presentación de problemas de conducta.

Consejo

Puede usar una ayuda visual para el inicio de oraciones (vea la pág. 144 en la sección *Herramientas*) como recordatorio visual de lo que el estudiante debe decir.

Recuerde requerir que el estudiante use las solicitudes apropiadas con todas las personas y en todos los contextos.

¿Qué motiva al estudiante?

Identificar lo que motiva al estudiante: un artículo, atención, ayuda, etc.

Pregunte al estudiante

Primero, dé al estudiante la oportunidad de identificar lo que quiere o necesita.

Corrección

Interrumpa al estudiante diciendo la respuesta correcta, luego vuelva al paso 2 y vuelva a hacer la pregunta.

Reforzamiento

Dé al estudiante lo que ha pedido apropiadamente. Ya sea un artículo, atención, ayuda, etc.

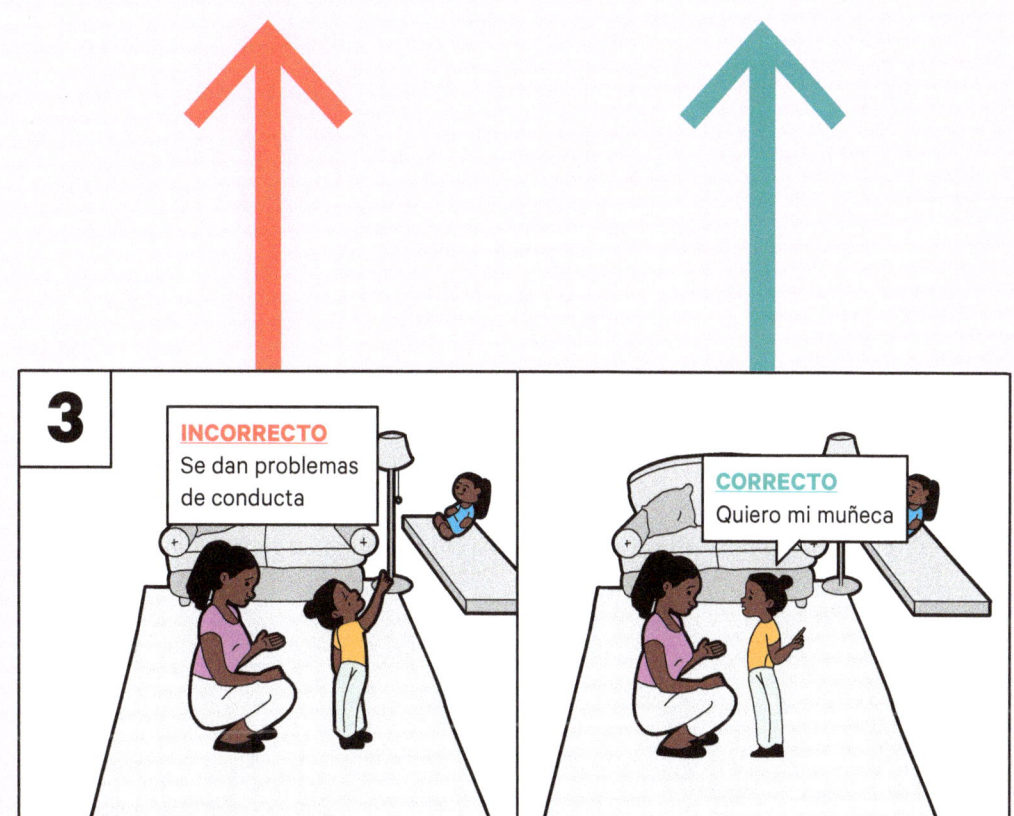

Respuesta

El estudiante responde, ya sea nombrando correctamente lo que quiere o realizando problemas de conducta.

Integración de estrategias

Introducción

El siguiente capítulo está pensado para lectores que ya tienen una buena comprensión de los capítulos previos. Aquí, aprenderá a usar múltiples estrategias para abordar algunos de los momentos más desafiantes de la vida diaria. Las situaciones difíciles del día a día propuestas en estas páginas se apoyan en años de experiencia profesional y en las sugerencias recibidas por parte de padres y maestros. Para cada una de estas situaciones sugerimos un paquete de estrategias. Algunas de ellas son estrategias proactivas y otras son reactivas; todas ya presentadas en detalle en capítulos previos del libro. Aportamos los números de página en los que el lector puede volver a consultar en detalle dichas estrategias.

En ABA, este paquete de estrategias se denomina a menudo Plan de intervención de conductual ("Behavior Intervention Plan" o "BIP" en inglés). El plan incorpora los pasos que los maestros deben hacer constantemente para manejar una situación difícil particular. Para obtener resultados más rápidos y eficaces, se recomienda que una vez que determine los pasos que utilizará, los siga de forma coherente y sistemática. Además, se recomienda que todos los cuidadores sigan los mismos pasos para que el estudiante sepa qué esperar en cada situación.

Es posible que haya notado que algunas estrategias son más eficaces que otras para su estudiante particular. A diferencia de lo que ocurría en capítulos previos, en los que seguir los pasos de la secuencia era crucial, aquí las estrategias se organizan como una guía. Puede ajustar los pasos según sea necesario para adaptarse mejor a sus necesidades. Por ejemplo, la 'imprimación conductual' puede no ser efectiva con su estudiante. En este caso, no sería necesario incluir dicha intervención en las estrategias a utilizar. Puedes optar por reemplazar la estrategia que no funciona por otra que encaje mejor con su estudiante (p.ej., "Sí ... entonces"). ¡Lo importante de este capítulo es utilizar lo que funciona mejor en tu caso!

Apagar dispositivos electrónicos

Objetivo

Enseñar al estudiante a seguir instrucciones relativas a apagar dispositivos electrónicos (p.ej., iPad, teléfono, videojuegos, computadora).

Cómo

- Los maestros utilizarán diversas estrategias para desarrollar el cumplimiento de la demanda.
- Los maestros deberán usar extinción (representación de la demanda) para reducir posibles problemas de conducta

Contexto

Utilice estas estrategias antes de pedir al estudiante que apague el dispositivo electrónico a fin de reducir la probabilidad de ocurrencia de problemas de conducta.

Consejo

Cuando pida apagar el dispositivo electrónico, diga, por ejemplo, al estudiante "apágalo y guárdalo" en lugar de "apágalo y dámelo." Para algunos estudiantes, es más fácil seguir la instrucción si pueden controlar dónde se guarda el dispositivo, en lugar de tener que dárselo a otra persona.

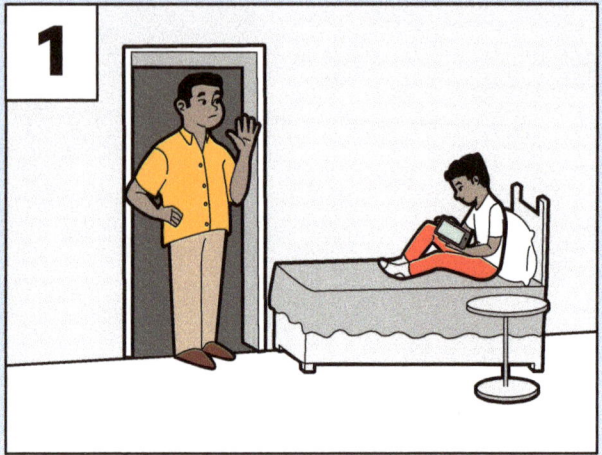

Priming conductual (pág. 56)

Antes de dar la instrucción de apagar la tablet, dar un aviso. Puede decir, "cinco minutos más y apagamos la tablet". También puede ayudar dar otro aviso cuando quede un minuto.

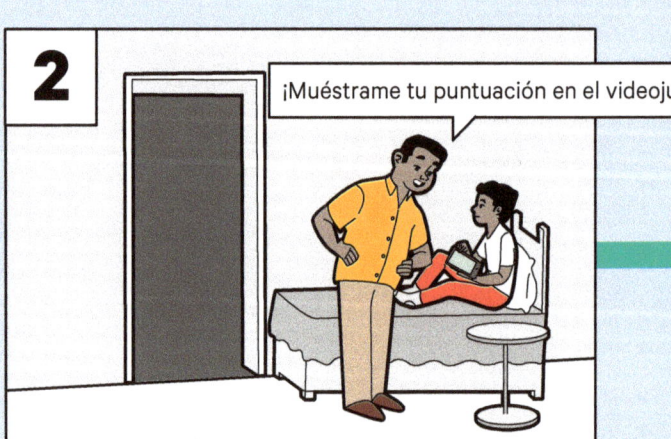

Fácil, fácil, difícil (pág. 60)

Utilice la estrategia "fácil, fácil, difícil" para facilitar el cumplimiento antes de pedir algo difícil como "apaga la tablet". Primero, primero pedimos dos cosas fáciles relacionadas con el videojuego (p. ej., "muéstreme tu puntuación", "dile adiós a tus amigos").

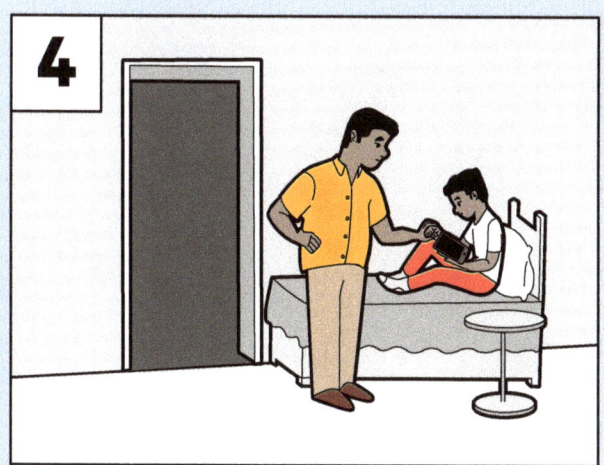

Extinción (pág. 74)

Mantenga la demanda y no permita que el estudiante continúe accediendo al artículo después de dar la instrucción de apagarlo.

Utilice la estrategia instrucción-demostración-guía física para mantener la demanda.

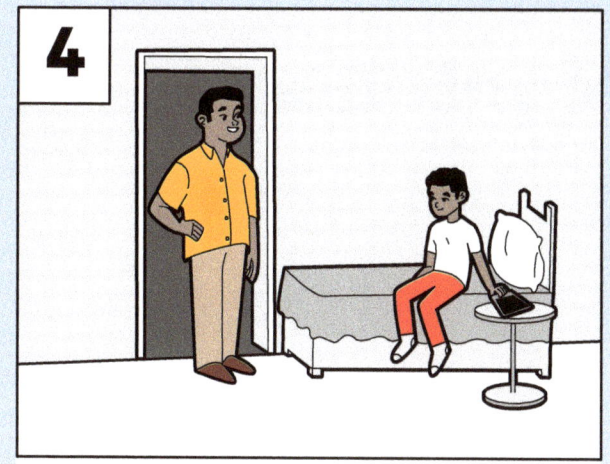

Reforzamiento (pág. 40)

Si el estudiante cumple con la demanda, elógiele ("¡Me gusta que me escuches!"). Además, sería ideal si el estudiante puede volver a acceder al dispositivo después como recompensa por haber seguido la instrucción.

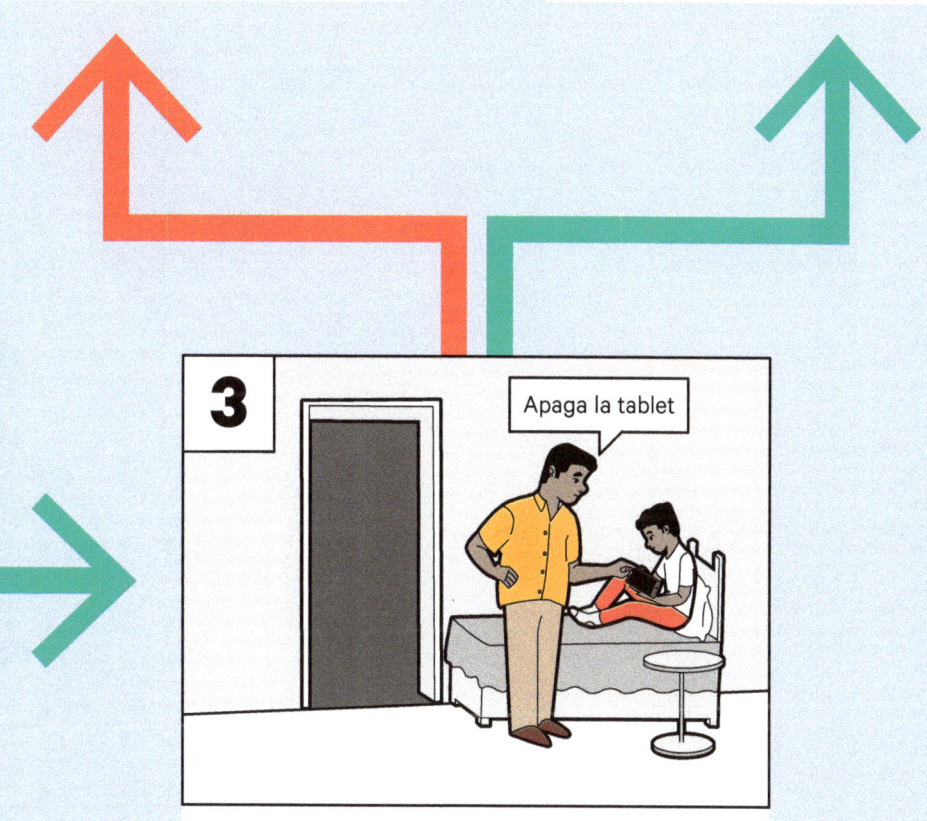

Instrucción-demostración-guía física (pág. 68)

Dé una instrucción clara ("apaga la tablet") y manténgala.

Aquí, el adulto hace el segundo paso realizando un gesto de apagar el botón.

Mantenerse en la tarea

Objetivo

Aumentar la cantidad de tiempo que el estudiante está realizando una tarea y la cantidad de trabajo que es capaz de realizar. Enseñar al estudiante a realizar tareas con el fin de obtener descansos.

Cómo

- Los maestros utilizarán diversas estrategias para facilitar el seguimiento de instrucciones y demandas.
- Los maestros usarán extinción (después de presentar la instrucción o demanda) para reducir los problemas de conducta.

Contexto

Utilice estas estrategias durante los momentos en que haya problemas de conducta relacionados con el escape de tareas o demandas (p.ej., cuando se presentan tareas escolares o se asignan deberes).

Priming conductual (pág. 56)

Antes de dar la demanda, dar una advertencia de transición. Por ejemplo, "cinco minutos más con (artículo preferido)" o "cinco minutos más hasta que hagamos (tarea)".

Sí ..., entonces ... (pág. 58)

Use frases del tipo "sí ..., entonces ..." para recordar al estudiante qué obtendrá si realiza la tarea. También puede ayudar tener la recompensa a la vista. "Sí (haces la tarea), entonces (obtendrás la recompensa)."

Extinción (pág. 74)

Si el estudiante intenta evitar la tarea, siga mantenga la demanda que se le dio y no permita que escape de la tarea. Utilice la estrategia instrucción-demostración-guía física para mantener la demanda (página 68).

Reforzamiento (pág. 40)

Proporcione descansos de la tarea solo después de períodos de cumplimiento. Intente dar descansos cortos después de que se finalice cada página del trabajo y un descanso más largo después de terminar toda la tarea.

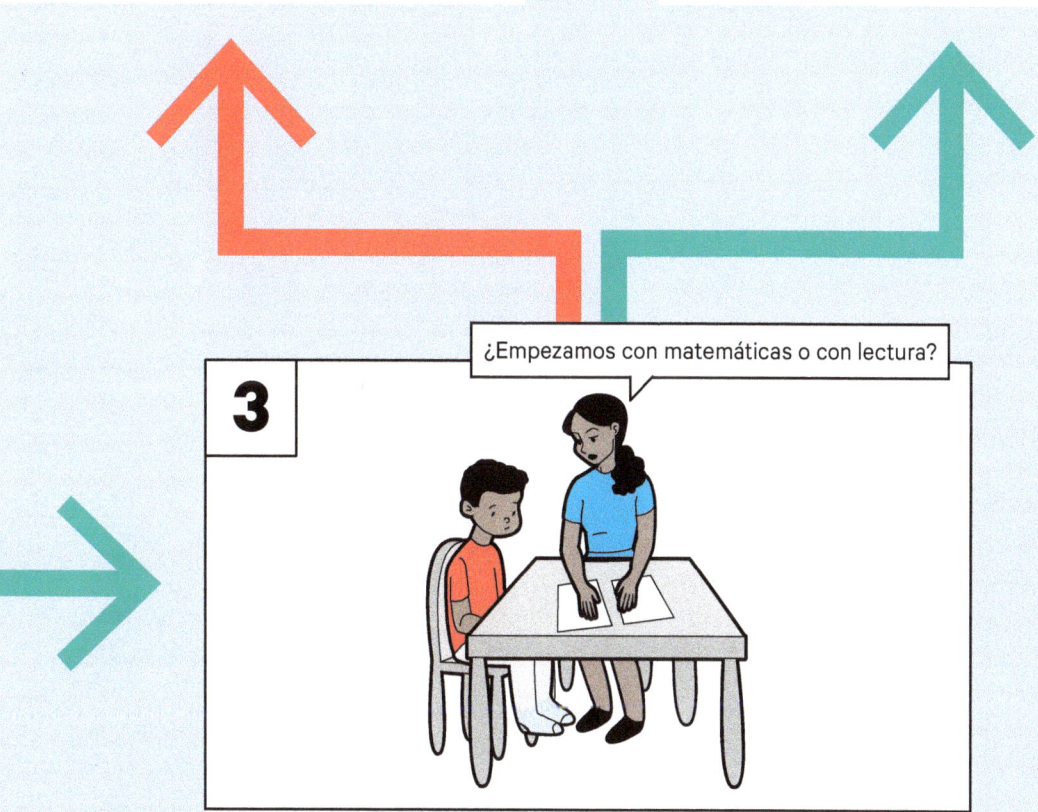

Dar opciones (relacionadas con la tarea) (pág. 62)

Proporcione una opción relacionada con las tareas. Intente ofrecer una opción de entre las siguientes:
- Hacer primero el anverso o el reverso de una hoja de trabajo
- Hacer primero la tarea de matemáticas o de lectura
- Usar colores de cera o lápices de colores
- Usar una pluma azul o negra
- Tener asistencia del maestro 1 o del maestro 2

Interrupciones en clase

Objetivo
- Reducir las interrupciones en el aula que causan los estudiantes que intentan llamar la atención
- Enseñar a los estudiantes formas apropiadas de obtener atención de sus compañeros y maestros

Cómo
- Los maestros utilizarán diversas estrategias para ayudar a los estudiantes a aprender cómo solicitar u obtener atención de forma adecuada
- Los maestros deberán usar extinción (no prestar atención) a fin de reducir las conductas disruptivas

Contexto
Utilice estas estrategias con un estudiante en particular o en conjunto con todos los estudiantes de la clase para prevenir y reducir conductas disruptivas en el aula.

Priming conductual (pág. 56)
Antes de pasar de un período tiempo libre a un período de trabajo, la maestra informará a los estudiantes de lo que deberán hacer en la próxima actividad (p. ej., sentarse tranquilamente en el escritorio, levantar la mano para hacer o responder preguntas).

Ser proactivo
Preste atención a los estudiantes (p.ej., solicitando la participación del estudiante, dando elogios) a tasas predecibles y frecuentes. Aumente gradualmente el tiempo entre cada momento en que se da atención. Al prestar atención a tasas frecuentes, el estudiante será menos propenso a actuar para llamar la atención.

Extinción (pág. 74)

Ignore las conductas disruptivas. Aléjese del estudiante para minimizar la atención que le damos. En el caso de conductas altamente disruptivas, bloquee y redirija levemente a una conducta apropiada (p.ej., dar modelo de cómo levantar la mano).

Reforzamiento (pág. 40)

Inmediatamente después del inicio de la conducta apropiada (levantar la mano), reforzar dando atención (llamando al estudiante). Después de varios casos de conducta apropiada, proporcione atención adicional (p.ej., poniendo al estudiante frente a sus compañeros).

Enseñar conductas alternativas (pág.72)

Reforzar (dando atención) sólo las solicitudes adecuadas de atención (p. ej. levantando la mano). Deberemos también prestar atención a otros estudiantes que no estén realizando problemas de conducta, dando así una pista a nuestro estudiante de lo que debe hacer.

Compartir juguetes

Objetivo

Aumentar la tolerancia a la espera de un turno con los artículos preferidos y mejorar las habilidades sociales y de juego.

Cómo

- Establecer expectativas claras sobre la importancia de compartir
- Modelar cómo esperar turnos correctamente
- Después de compartir apropiadamente en varias ocasiones, aumente gradualmente la cantidad de tiempo que el estudiante debe esperar para recibir de nuevo el artículo.

Contexto

Practique estos pasos durante periodos de juego en ocasiones en las que el estudiante y otra persona estén interesados en jugar con el mismo artículo. Estos pasos también se pueden practicar a modo de juego de roles. Por ejemplo, el maestro dice, "¡Vamos a jugar a compartir!" y adopta el papel de un compañero que está interesado en el mismo artículo o juguete que el estudiante.

Priming conductual (pág. 56)

Recuerde a los estudiantes lo que debe suceder mientras comparten artículos preferidos (p. ej., cada persona recibe turnos de x minutos con el artículo).

Modelado (pág. 98)

Modela la conducta apropiada mientras esperas un turno. Por ejemplo, permaneciendo sentado tranquilamente, sin intentar alcanzar el artículo.

Extinción (pág. 74)

Bloquear todos los intentos de acceder al artículo preferido fuera de turno.

Reforzamiento (pág. 40)

Si el estudiante deja el artículo el solo cuando concluye su turno, elogio o proporcione otro reforzamiento.

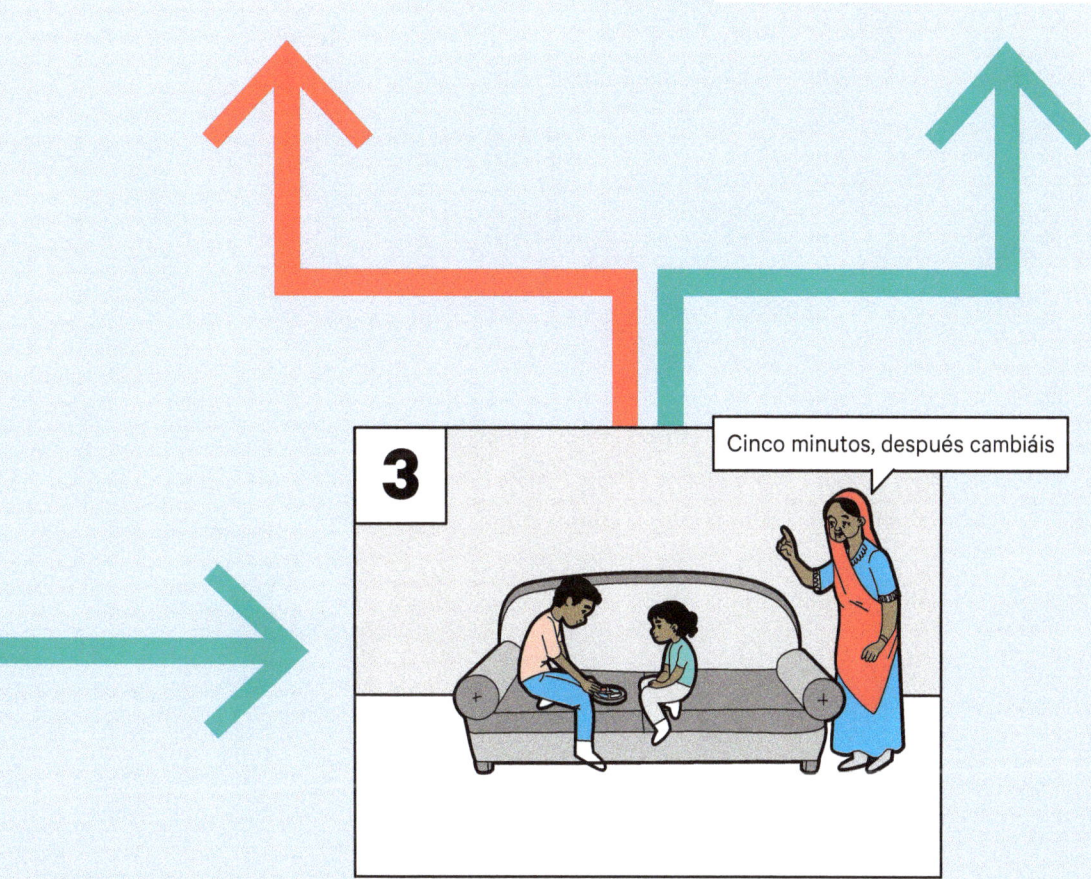

Moldeamiento
(del tiempo de espera) (pág. 96)

A medida que el estudiante practica esta habilidad, aumente gradualmente la cantidad de tiempo que debe de esperar el artículo.

Tolerar el "no" y aprender a esperar

Objetivo

Enseñar al estudiante a aceptar y tolerar respuestas negativas por parte de adultos (se le dice "no") y a esperar pacientemente antes de obtener artículos preferidos o iniciar actividades favoritas.

Cómo

- Utilizar diversas estrategias para enseñar al estudiante cuándo se tendrá acceso a la actividad o artículo preferido (programación visual), también enseñarle a solicitar adecuadamente el artículo/actividad y a pedir pasar más tiempo con el artículo/actividad (solicitar necesidades). Facilitar la alternancia de actividades o artículos preferidos proporcionando opciones.
- Los maestros deberán usar extinción (después de denegar el acceso al artículo/actividad en cuestión) para reducir posibles problemas de conducta

Contexto

Utilice estas estrategias en momentos en que haya problemas de conducta relacionados con la denegación de un artículo o actividad (p.ej., el estudiante pidió un artículo/actividad o pasar más tiempo con dicho artículo/actividad y se le denegó la petición).

Priming conductual (pág. 56)

Cree una programación visual que muestre cuando estarán disponibles los artículos o actividades preferidos a lo largo del día.

Dar opciones (pág. 62)

Cuando un artículo o actividad preferido no esté disponible, proporcione al menos dos opciones alternativas de artículos o actividades que sean moderadamente preferidas o muy preferidas.

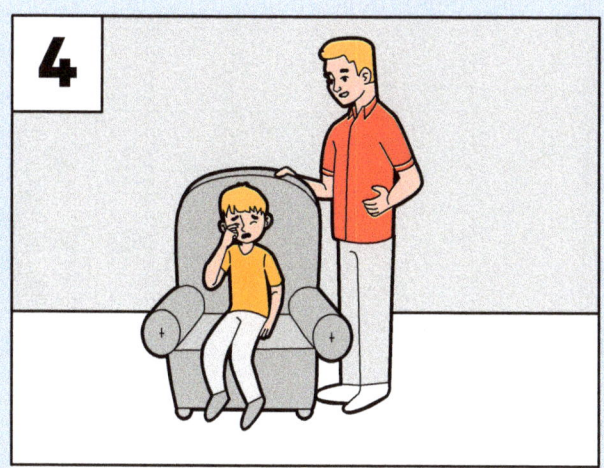

Extinción (pág. 74)

Cuando el estudiante realiza problemas de conducta, debe cerciorarse que no hay acceso al artículo o actividad preferidos. Es posible que tenga que recordarle al estudiante cómo solicitar o esperar de forma apropiada por el artículo o actividad.

Reforzamiento (pág. 40)

Después de una conducta apropiada (p.ej., tolerar "no", solicitar un artículo preferido o una necesidad de forma apropiada), el estudiante recibirá reforzamiento por ello. Utilice moldeamiento para aumentar gradualmente la cantidad de tiempo que el estudiante necesita esperar a fin de recibir el reforzamiento.

Pedir lo que se quiere (pág. 106)

Cuando el estudiante solicita un artículo o actividad de forma apropiada, le elogiaremos por ello. Si es posible, daremos también acceso al artículo o actividad.

Aceptar nuevos alimentos

Objetivo

Aumentar la aceptación del estudiante de nuevos alimentos (nos centraremos habitualmente en frutas y verduras).

Cómo

Usar la estrategia "Sí …, entonces …" para cada bocado de comida: "Si tomas (alimento nuevo), entonces tomarás (alimento favorito)". Progresivamente aumentaremos el número de porciones del nuevo alimento que debe tomar el estudiante para recibir el alimento favorito.

Contexto

Cree una lista de alimentos que le gustaría que el estudiante llegue a aceptar. Tenga en cuenta los tipos de alimentos que no consume suficientemente en este momento. Consulte a un médico para obtener recomendaciones dietéticas específicas. Practique esta estrategia todos los días a la hora de merendar o al tomar un tentempié. Una vez que el estudiante sea capaz de comer cinco porciones de un alimento nuevo antes de recibir el alimento favorito, comience a agregar el alimento nuevo en sus comidas principales (p.ej., añadiéndolo a su almuerzo, sirviéndolo con el desayuno, etc.).

Nota

Si el estudiante no acepta la nueva comida, diga "ok, pero entonces no puedo darte (comida favorita)" y retire la comida. Vuelva a intentarlo una vez que el estudiante solicite de nuevo la comida favorita. El alimento favorito solo debe ofrecerse después de que el estudiante coma el alimento nuevo.

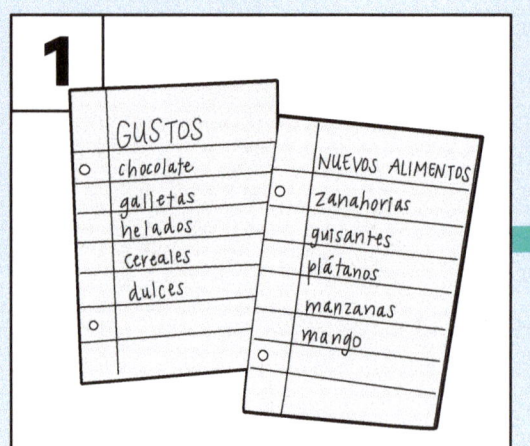

Identificar alimentos

Cree una lista de alimentos que le gusten al estudiante y que pueda utilizar como premios. Cree una lista de alimentos nuevos que deba probar.

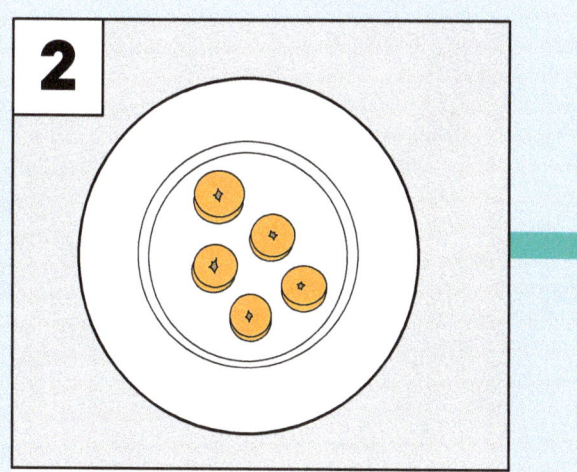

Cortar en trozos pequeños

Corte los alimentos nuevos en cinco trozos pequeños. Es posible que deba comenzar con porciones muy pequeñas (p.ej., de 1 cm cúbico o menos) antes de aumentar gradualmente en tamaño de la porción de comida.

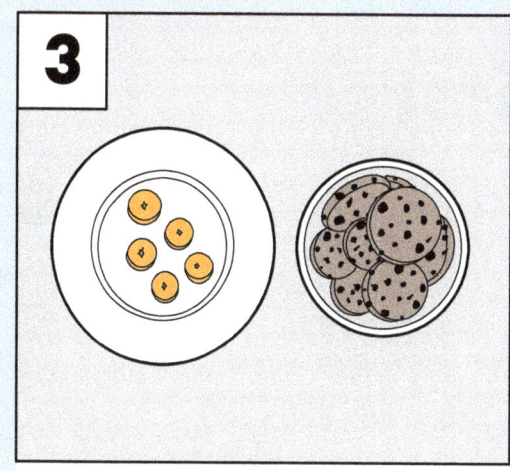

Preparación

Ponga cinco bocados pequeños del alimento nuevo junto a una gran cantidad de un alimento favorito.

Un bocado del alimento nuevo

Dé la instrucción: "Si tomas el alimento nuevo, entonces podrás tomar el alimento favorito".

Un bocado de recompensa

Por cada bocado de comida nueva que el estudiante come, puede tomar un bocado de la comida favorita. Repita el proceso al menos cinco veces.

Seguir instrucciones

Objetivo

Aumentar el seguimiento de instrucciones por parte del estudiante y disminuir la cantidad de tiempo que se tarda en realizar una tarea.

Cómo

Dar instrucciones claras y consistentes, así como reforzar los intentos adecuados, hará más probable que el estudiante siga la instrucción. Si seguimos estos pasos de forma sistemática, el estudiante alcanzará un mejor seguimiento de instrucciones en general

Contexto

Estos pasos se pueden utilizar para cualquier instrucción, no obstante, debemos ser especialmente sistemáticos en el caso de instrucciones difíciles.

Consejo

Ponga en práctica esta estrategia en situaciones en las que el estudiante muestra dificultades con frecuencia en el seguimiento de instrucciones (p.ej., en su dormitorio, en su escritorio, en el coche, etc.). Esto le ayudará a recordar que debe seguir los pasos durante los momentos difíciles.

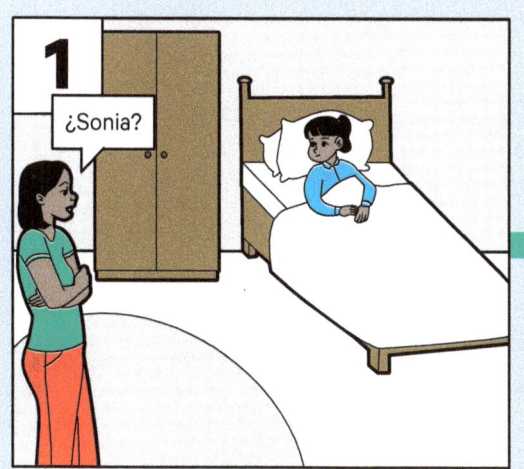

Obtener atención

Antes de dar una instrucción, asegúrese de obtener la atención del estudiante (contacto visual)

Instrucción clara y corta

Dé la instrucción usando una frase corta y clara. No formule la instrucción en forma de pregunta ("¿puedes...?")

Mantenga la instrucción (pág. 68)

Utilice la estrategia de Instrucción-demostración-guía física para mantener la instrucción. Primero dígale al estudiante qué debe hacer, luego muéstrele cómo hacerlo y finalmente ayúdele guiándole físicamente a realizar la tarea.

Reforzar (pág. 40)

Elogie al estudiante cuando comience la tarea. Cuando la finalice, dé una recompensa mayor.

Transiciones

Priming conductual 1
(pág. 56)

Antes de una transición que puede ser difícil para el estudiante, dé un 'imprimación conductual' de lo que el cambio es próximo.

Objetivo

Facilitar la transición de actividades de alta preferencia a actividades de menor preferencia.

Cómo

Informar al estudiante sobre la transición que se realizará próximamente. Combine diversas estrategias que faciliten el seguimiento de la transición.

Contexto

Utilice estos pasos cuando se espera que el estudiante pase de una tarea altamente preferida (p.ej., recreo, juego libre en casa, ver la televisión, jugar con un dispositivo electrónico, jugar con amigos) a una tarea menos preferida (p.ej., trabajo de clase, tareas, ir a algún lugar en coche).

Priming conductual 2 (pág. 56)

Justo antes de la instrucción de cambiar de actividad, dé un aviso más anticipando lo que va a suceder (y lo que se espera que el estudiante haga).

Fácil, fácil, difícil (pág. 60)

Comience la transición con una demanda fácil y relacionada con la actividad (en el ejemplo, la maestra le pide que de un salto). Inmediatamente da otra demanda fácil ("párate detrás de mí"), finalmente, presenta la demanda más difícil (salir de la zona de juegos).

Mantenga la demanda (pág. 68)

Si en cualquier momento cuando aplica demandas "fáciles, fáciles, difíciles", el estudiante no sigue la instrucción, pase a la estrategia instrucción-demostración-guía física para mantener la demanda.

Reforzamiento (pág. 40)

Una vez concluya la transición, de reforzamiento.

Aprender información personal

Objetivo

Ayudar al estudiante a aprender detalles personales importantes, tales como el nombre, la edad, el día de su cumpleaños, su dirección, el número de teléfono y el nombre de los padres.

Cómo

Utilice diversas estrategias efectivas para enseñar nuevas habilidades. Adapte estas estrategias para que se ajusten al nivel de habilidad del estudiante y póngalas en práctica repitiéndolas en numerosas ocasiones.

Contexto

Es importante que las personas conozcan su información personal como medida de precaución.

Enseñar esta información puede requerir un importante esfuerzo, así como numerosas repeticiones. No obstante, el uso de estas estrategias ayudará al estudiante a recordar esta información lo más rápidamente posible.

Enseñanza naturalizada
(pág. 88)

Encuentre oportunidades cotidianas para practicar respuestas a preguntas. Cuanto más se practique, mejor.

Moldeamiento (pág. 96)

Moldee gradualmente la respuesta del estudiante. Esto es especialmente relevante para respuestas más largas como números de teléfono y direcciones. Enseñe solo unos pocos números a la vez.

Moldeamiento (pág. 96)

Muestre al estudiante la respuesta correcta, ya sea diciéndola verbalmente o escribiéndola (utilice la manera en la que el estudiante aprenda mejor).

Generalización (pág. 100)

Una vez que el estudiante mejore su habilidad de responder la pregunta, pida a otras personas que le pregunten y, si es adecuado, que utilicen variaciones de la misma pregunta.

Aprender a hablar

Objetivo

Aumentar las habilidades de comunicación expresiva (p.ej., sonidos y palabras del lenguaje).

Cómo

Utilice diversas estrategias efectivas para enseñar nuevas habilidades. Adapte estas estrategias para que se ajusten al nivel de habilidad del estudiante y póngalas en práctica repitiéndolas en numerosas ocasiones.

Contexto

Una característica común de las personas con autismo son las dificultades en el lenguaje y el habla. Estos son algunos indicadores que sugieren que es probable que el estudiante desarrolle lenguaje vocal:

- Hace ruidos vocales o balbuceos al jugar
- Imita sonidos
- Observa las bocas de las personas cuando hablan
- Hace sonidos melódicos (como si cantara)
- Parece balbucear el nombre de objetos, aunque el balbuceo puede no tener un sonido parecido al del balbuceo
- Tiene ciertas habilidades de lenguaje receptivo (entiende lo que otros dicen, se vuelve cuando se dice su nombre, sigue instrucciones sencillas)

Reforzamiento (pág. 40)

Use estrategias de reforzamiento para recompensar los intentos del estudiante de hablar y de grandes recompensas cuando diga sus primeros sonidos o palabras.

Moldeamiento (pág. 96)

Enseñe primero al estudiante a imitar sonidos. Escuche los sonidos que puedan estar presentes mientras balbucea.

Moldeamiento (pág. 96)

Obtenga la atención del estudiante y luego modele la palabra o sonido que esté enseñando (usando movimientos bucales y sonidos exagerados).

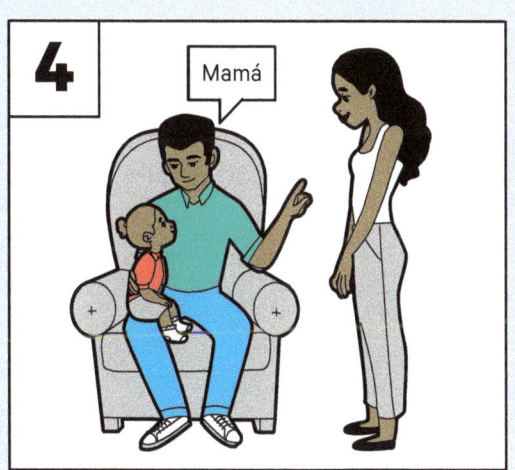

Generalización (pág. 100)

Practique la habilidad con varias personas para promover el aprendizaje generalizado.

Enseñanza naturalizada (pág. 88)

Utilice la motivación del estudiante para elegir las palabras que le enseña. Las primeras palabras de muchos estudiantes son artículos que quieren (p. ej., su juguete o comida preferida).

Herramientas

Introducción

Las siguientes páginas contienen plantillas y otros recursos que le ayudarán a enseñar a su estudiante. La intención es que usted pueda copiar, cortar y utilizar los recursos proporcionados junto con las estrategias que ha aprendido a lo largo de este libro. También puede encontrar estas herramientas en Internet en nuestro sitio web.

Ayudas visuales

Las ayudas visuales son una forma de comunicación a través de imágenes o texto en lugar de palabras habladas. Las ayudas visuales transmiten mucha información de una manera que es fácil de entender para los estudiantes con retrasos en el lenguaje receptivo. Sin embargo, no son útiles solos para los estudiantes con dificultades de lenguaje. Todos utilizamos tipos similares de ayudas visuales en nuestro día a día; a veces una representación visual de la información es la mejor manera de procesar información. Confiamos en las señales de las calles para saber a dónde ir, usamos agendas para llevar un registro de citas y plazos, y hacemos listas de la compra antes de ir al supermercado. Cada una de estas estrategias es un tipo de ayuda visual.

Las ayudas visuales pueden permitir a los estudiantes aprender nuevas habilidades, comprender lo que se espera de ellos y a mejorar sus habilidades de manejo de su propia conducta. A través de las ayudas visuales, los maestros pueden comunicarse mejor con sus estudiantes y estos, a su vez, pueden comunicarse mejor con sus compañeros y maestros. Usadas consistentemente, las ayudas visuales también pueden promover la autonomía y reducir los problemas de conducta.

La investigación indica que las ayudas visuales
- permiten que los estudiantes se concentren
- facilitan la comprensión de conceptos abstractos al mostrarlos visualmente
- permiten que los estudiantes expresen sus pensamientos
- proporcionan una rutina predecible y estructura
- reducen la ansiedad
- sirven como herramienta para facilitar las transiciones de actividad

El uso de ayudas visuales en estudiantes con autismo
A muchas personas con autismo les resulta difícil comprender y seguir instrucciones verbales. También pueden tener dificultades para expresar lo que quieren o necesitan. Las ayudas visuales pueden permitir a los maestros comunicar lo que esperan de los estudiantes. Esto disminuye la frustración de estos y puede ayudar a disminuir los problemas de conducta

relacionados con las dificultades de comunicación. Las ayudas visuales pueden promover formas apropiadas y positivas de comunicarse. Para las personas que experimentan ansiedad relacionada con cambios en las rutinas o ansiedad asociada a situaciones desconocidas, las ayudas visuales pueden facilitar la comprensión de lo que sucederá a continuación. Ello puede ayudar a aliviar la ansiedad.

Economía de fichas

Objetivo
Aumentar la motivación para realizar las tareas objetivas.

Cómo
Proporcionar reforzamiento en forma de elogio y dar una ficha (p.ej., una estrella) por cada tarea realizada. Luego proporcionar un reforzador mayor cuando se hayan ganado todas las fichas.

Contexto
- Utilizar un recordatorio visual que indique qué se puede obtener por realizar la tarea
- Se puede utilizar para fomentar el cumplimiento de diversas tareas
- Se utiliza para practicar el reforzamiento demorado (ganar algo gratificante transcurrido un tiempo)
- Utilícelo para enseñar autogestión (el estudiante puede aprender a darse fichas a sí mismo después de realizar tareas)

Instrucciones
1. Copie esta página y extraiga los recortables. Si es posible, plastifíquelos
2. Pida al estudiante que elija la recompensa por la que trabajar
3. Ponga el icono de recompensa en el tablero de fichas
4. Ponga una ficha (estrella) en cada cuadro en blanco cada vez que el estudiante realiza una tarea
5. Cuando el tablero esté completo con las seis estrellas, el estudiante obtendrá la recompensa

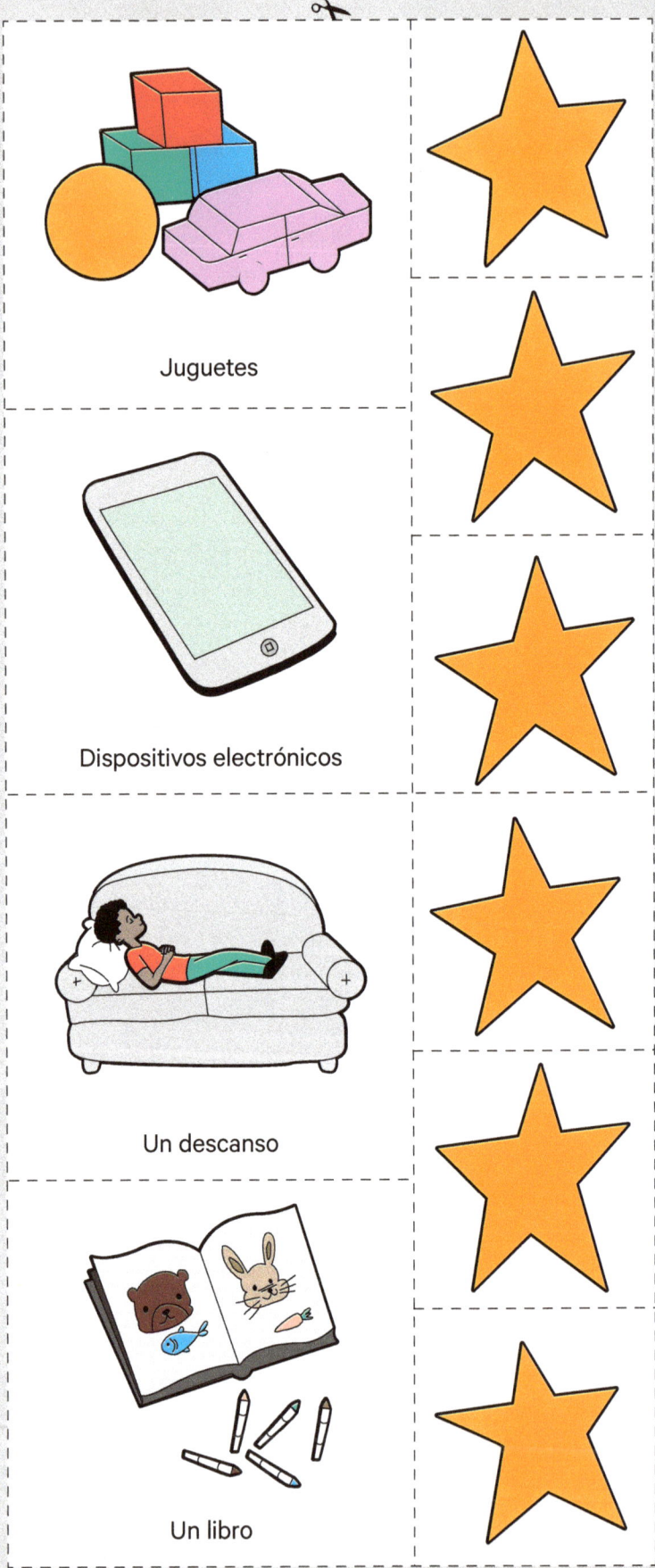

Estoy trabajando para ganar...

la imagen de la recompensa aquí

Ponga la primera estrella aquí

137

Contrato conductual

Objetivo
Promover la responsabilidad y la autorregulación, mejorar la motivación y el esfuerzo de los estudiantes, proporcionar estructura y consistencia.

Cómo
Involucrar al estudiante en la configuración de expectativas y la elección de recompensas. Inicialmente, guiaremos al estudiante en el desarrollo de su autonomía recordándole que revise el contrato para evaluar si se están cumpliendo las metas.

Contexto
Los contratos conductuales se pueden usar en el hogar y en el ámbito escolar; algunos estudiantes pueden tener un contrato para actividades de casa y otro para actividades escolares. Usar con estudiantes que exhiben problemas de conducta persistentes, escasas habilidades organizativas o dificultades en la realización de tareas diarias.

Instrucciones
1. Copie esta página y recorte la plantilla de contrato
2. Identifique la conducta de interés que debe mejorar
3. Trabaje en equipo (maestro, padre, estudiante) al crear las reglas del contrato: lo que se espera y lo que se puede ganar
4. Todos están de acuerdo y firman el contrato
5. Promover la autonomía haciendo que el estudiante revise el contrato diaria o semanalmente para evaluar si obtuvo la recompensa

---

Ejemplo de contrato conductual

Nombre del estudiante _Lucía_

Nombre del maestro _Sra. Pérez_

Meta _Entregar todas mis tareas finalizadas_

Voy a
Entregar mi tarea cada mañana
Entregar mi trabajo de clase inmediatamente después de acabarlo
Revisar mi escritorio al final del día por si hay tareas que debo entregar

Si hago esto durante todo el día, ganaré
Ser el primero de la fila el día siguiente
15 minutos más en la computadora
Enviarán una nota positiva a mis padres

Si no lo hago, mi consecuencia es
Terminar las tareas que falten durante el tiempo de computadora
15 minutos menos de tiempo en la computadora
Nota enviada a mis padres indicando lo que no fue entregado

Mi maestro me ayudará
Recordándome al principio del día que debo entregar la tarea
Recordándome al final del día que debo revisar mi escritorio

Firmas
Lucía _Sra. Pérez_ _David_

Nombre del estudiante _____

Nombre del maestro _____

Meta _____

Voy a

_____
_____
_____

Si hago esto durante todo el día, ganaré

_____
_____
_____

Si no lo hago, mi consecuencia es

_____
_____
_____

Mi maestro me ayudará

_____
_____
_____

Firmas

_____ _____ _____

Programas visuales de actividades

Objetivo

Mejorar el seguimiento de rutinas diarias y la realización de transiciones entre tareas. Reducir los problemas de conducta relacionados con los cambios de rutina.

Cómo

Dar previsibilidad y estructura describiendo las tareas/actividades que se realizarán ese día. Reforzar la independencia en la realización de estas tareas y la transición entre actividades.

Contexto

Se puede crear un programa diario para ciertos períodos de tiempo, como una rutina de mañana, después de la escuela o la rutina de acostarse. En el aula, el programa diario podría abarcar todo el día o dividirse en un programa de mañana y otro de tarde.

Consejo

Incluir actividades preferidas entre tareas de baja preferencia a fin de mantener alta la motivación.

Instrucciones

1. Cortar y plastificar las tareas.
2. Ponga los iconos en el orden en que ocurren las actividades. El programa puede ser para todo el día, o para periodos concretos (p.ej., hora de acostarse).
3. Mueva los iconos de la columna izquierda a la derecha a medida que se realizan, o llene las celdas con las actividades, y quite los iconos a medida que se terminan.

Programa diario

Rutina de _____

Análisis de tareas

Lavarse las manos

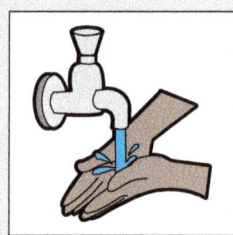
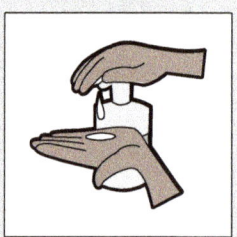

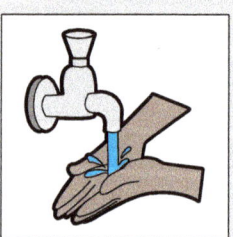

Objetivo

Enseñe una habilidad nueva y compleja desglosándola en una secuencia de pasos más pequeños.

Cómo

Use recursos visuales creados a modo de guía que muestren paso a paso actividades de la vida diaria a fin de aumentar la independencia del estudiante.

Contexto:

Adapte el análisis de tareas a la habilidad y el contexto en el que se utilizará (p.ej., "cepillarse los dientes" en el baño). Señale los pasos para ayudar al estudiante a avanzar en la secuencia de pasos. Después de practicar en varias ocasiones, el maestro dejará de apuntar y el estudiante usará las imágenes como guía.

Instrucciones

1. Copie esta página, corte cada análisis de tareas y, si es posible plastifique los recortes para un uso prolongado.
2. Pegue la tarjeta con el análisis de tareas en el área donde la habilidad ocurre normalmente.
3. Inicialmente, guíe a los estudiantes a través de los pasos señalándolos en la secuencia correcta y dando ayudas adicionales según sea necesario (ver *Dividir habilidades*, pág. 90)
4. A medida que el estudiante alcanza una mayor independencia realizando la habilidad, deberán seguir los pasos de la ayuda visual por su cuenta sin ayuda del maestro.
5. Cuando el estudiante domine la habilidad, elimine el análisis de tarea.

Cepillarme los dientes

 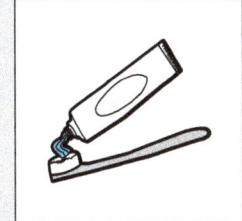   

Vestirse

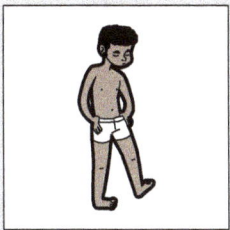 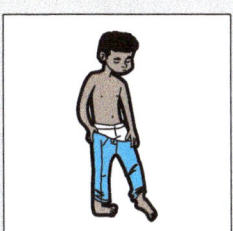   

Cruzar la calle

Abotonarse la camisa

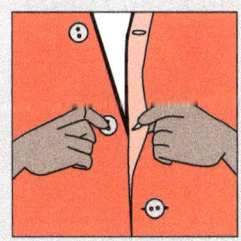 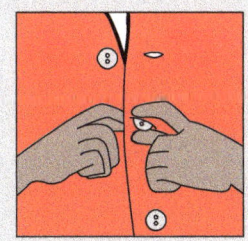 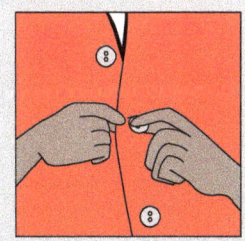

Tarjetas para iniciar oraciones

Objetivo

Mejorar las habilidades de comunicación expresiva para pedir lo que se necesita.

Cómo

Utilización de formas proactivas

Utilice estas tarjetas de inicio de oraciones como un recordatorio visual para que el estudiante pida apropiadamente los deseos/necesidades (en lugar de realizar un problema de conducta).

Se utiliza para manejar el problema de conducta

Cuando el estudiante comienza a realizar un problema de conducta porque quiere algo, muestre una de estas tarjetas y dé el artículo solo si el estudiante dice la oración con un tono tranquilo.

Contexto

Estas tarjetas de oraciones deben usarse con estudiantes que son capaces de decir oraciones de 3 a 5 palabras. Para los estudiantes que estén haciendo solicitudes de una palabra (p.ej., "agua"), intente comenzar con la tarjeta "Yo quiero _____" para ir progresando a solicitudes de tres palabras..

Instrucciones

1. Haga una copia de esta página
2. Recorte la tarjeta de iniciación de oraciones, si es posible, plastifique las tarjetas para un uso prolongado.
3. Combinar con la estrategia de Enseñar a pedir (pág. 106).

- Quiero jugar con _____
- Yo quiero _____
- ¿Puedo jugar _____
- ¿Me das _____

Recurso visual "Sí..., entonces ..."

Objetivo

Aumentar el seguimiento de instrucciones y la motivación para realizar tareas.

Cómo

Al dar una instrucción, recuerde al estudiante lo que puede ganar diciéndoselo, o usando textos o fotos (sí haces A, entonces B).

Contexto

Use este recurso visual con estudiantes que respondan mejor a estímulos visuales que a instrucciones. Este recurso visual puede combinarse con instrucciones mientras se señala en la tarjeta lo que el estudiante debe hacer.

Instrucciones

1. Identifique una recompensa que tenga una alta probabilidad de motivar al estudiante
2. Escriba o agregue imágenes en los cuadros "Si hago" y "Entonces". El cuadro "Si hago" debe contener la tarea que el alumno debe realizar. La casilla "Entonces" debe contener la recompensa que el estudiante ganará.
3. Use este visual junto con la instrucción verbal, "Si hago *nombre de la tarea* entonces recibiré *nombre de la recompensa*" (pág 58).

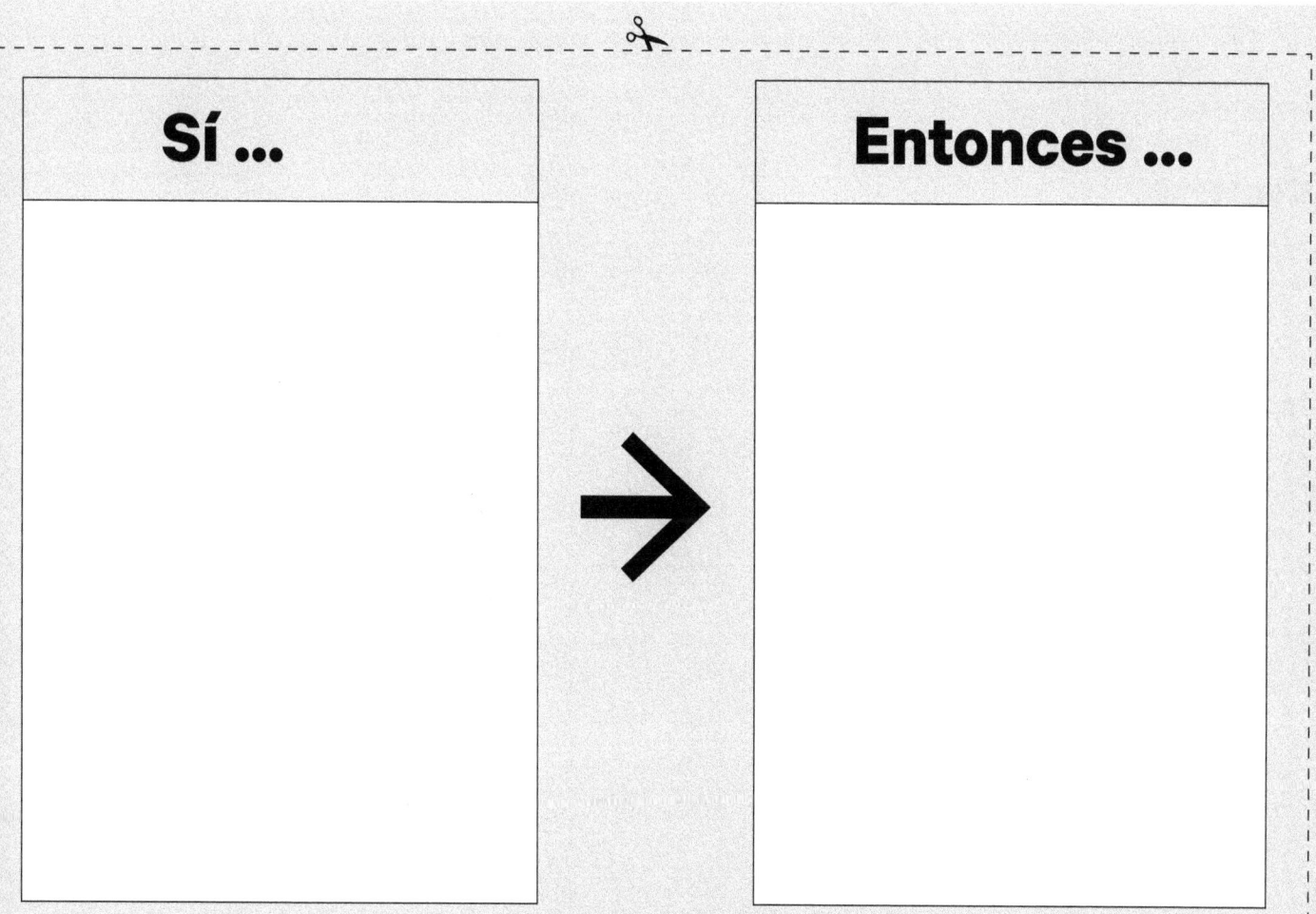

Hoja de toma de datos ABC

Objetivo

Determinar la causa del problema de conducta buscando pistas que ocurran antes y después de la conducta.

Cómo

Cuando se está produciendo un nuevo problema de conducta, escriba notas que describan la situación en la que aparece la conducta con el fin de encontrar pistas que permitan descubrir qué la está produciendo.

Contexto

Recopile datos ABC para cada problema de conducta. Cada vez que surgen nuevos problemas de conducta, el primer paso es tomar datos ABC.

Instrucciones

1. Recopile datos ABC (consulte cómo hacerlo en la pág. 30) al menos en cuatro ocasiones en las que ocurra el problema de conducta
2. Utilice la información recopilada para determinar la función probable de la conducta (consulte cómo hacerlo en la pág. 33)

Nombre del estudiante _____

Fecha _____

Hora	Entorno y personas presentes

Antecedente ¿Qué pasó antes de la conducta?	**Conducta** Describa la conducta	**Consecuencia** ¿Qué pasó después de la conducta?	**Función**

Recursos

Productos recomendados

Productos sensoriales
- "Munchables: Chewelrey," juguetes inquietos
- Auriculares de reducción de ruido
- Saco sensorial transformador
- Caja de descanso en el aula
- Fidget Strings
- Rodillo de masaje
- Bandas de ejercicio para sillas
- Losa de suelo líquido

Dificultades a la hora de comer
- 8 the Plate

Habilidades motoras finas
- Let's go Finger Fishing
- Juguete clasificador de formas
- Cuerda con cuentas de juguete
- Mighty Mind
- Puedo atar mis zapatos set!
- Contar y ordenar torre de apilamiento
- Dimpl
- Conjunto de tableros de Peg

Habilidades sociales
- Social Inferences Fun Deck
- Photo Feelings Fun Deck
- 204 Fold & Say Social Skills

Juguetes
- Friends and Neighbors: The Helping Game
- Cat in the Hat I Can Do That! Game
- Dinosaur Escape Game
- Social Skills: 6 Board Games in 1
- ThinkFun Roll and Play Game

Autogestión de la conducta
- Sensor de contacto de alarma de anillo
- "Wet Stop"
- MotivAider
- ¡OK para despertar! Reloj despertador y luz nocturna
- Temporizador de arena de 30 y 5 minutos Vagrez

En el aula
- Stickerpop.com / Stickerpop! la aplicación
- Temporizador
- Asiento ajustable: Kore Wobble Silla, taburete Hokki, disco de asiento, bola de estabilidad
- EZ Stick Aula línea de ayudantes
- Protectores de privacidad de escritorio
- E. Z.C. Tiras del lector

Libros y apps
- Behaviorspeak: A Glossary of Terms in ABA By Bobby Newman
- ABA Diction 1.0 [app] http://aba-elearning.com/apps
- Would you Teach a Fish to Climb a Tree? By: Anne Maxwell
- More than Words By Fern Sussman
- What Shamu Taught Me About Life, Love, and Marriage By Amy Sutherland
- The Verbal Behavior Approach By Mary Barbera
- How Are You Feeling Today? By Molly Potter
- Poke a Dot Book Series (10 Little Monkeys, Goodnight Animals,
- Old MacDonald's Farm, Who's in the Ocean?, etc) By Melissa & Doug
- Simple steps: Programa para padres. https://aba-elearning.com/publicaciones

Referencias

American Psychiatric Association. (2013). Diagnostic and Statistical Manual of Mental Disorders (5th ed.). Washington, DC.

Baker, Jed (2008). No More Meltdowns – Positive Strategies for Managing and Preventing Out-of-Control Behavior. Arlington, TX: Future Horizons, Inc.

Boesch, M.C., Taber-Doughty, T., Wendt, O., Smalts, S.S. (2015). Using a behavioral approach to decrease self-injurious behavior in an adolescent with severe autism: a case study. Education and Treatment of Children, 38(3), 305-328.

Boutot, A., & Hume, K. (2012). Beyond time out and table time: Today's Applied Behavior Analysis for students with autism. Education and Training in Autism and Developmental Disabilities, 47, 23-38.

Bryce, C. I., & Jahromi, L. B. (2013). Brief report: compliance and noncompliance to parental control strategies in children with high-functioning autism and their typical peers. Journal of Autism and Developmental Disorders, 43(1), 236+.

Buron, Kari Dunn, & Curtis, Mitzi (2003). The Incredible 5-Point Scale. Shawnee Mission, KS: Autism Asperger Publishing Company.

Carr, E.G. & Durand, V.M. (1985). Reducing problem behaviors through functional communication training. Journal of Applied Behavior Analysis, 18(2), 111-126.

Conroy, M. A., Asmus, J. M., Boyd, B. A., Ladwig, C. N., & Sellers, J. A. (2007). Antecedent classroom factors and disruptive behaviors of children with autism spectrum disorders. Journal of Early Intervention, 30(1), 19-35.

Cooper, J. O., Heron, T. E., y Heward, W. L. (2020). Análisis aplicado de conducta (tercera ed.). ABA España. https://doi.org/10.26741/abaespana/2020.cooper3e

Cooper, J. O., Heron, T. E., y Heward, W. L. (2017). Análisis aplicado de conducta (tercera ed.). ABA España. https://doi.org/10.26741/10.26741/abaspain/2017.cooper

De Bruin, C., Deppeler, J., Moore, D., & Diamond, N. (2013). Public School-Based Interventions for Adolescents and Young Adults With an Autism Spectrum Disorder: A Meta-Analysis. Review of Educational Research, 83(4), 521-550.

Durand, V.M. & Carr, E.G. (1991). Functional communication training to reduce challenging behavior: maintenance and application in new settings. Journal of Applied Behavior Analysis, 24(2), 251-264.

Durand, V.M. & Moskowitz, L. (2015). Functional communication training: thirty years of treating challenging behavior. Topics in Early Childhood Special Education, 35(20),116-126.

Eckenrode, L., Fennell, P., & Hearsey, K. (2004). Tasks Galore for the Real World. Raleigh, NC: Tasks Galore.

Eldevik S., Hastings R. P., Hughes J. C., Jahr E., Eikeseth S., Cross S. Meta-analysis of early intensive behavioral intervention for children with autism. Journal of Clinical Child & Adolescent Psychology. 2009

Falcomata, T.S., Muething, C.S., Gainey, S., Hoffman, K., Fragale, C. (2013). Further evaluations of functional communication training and chained schedules of reinforcement to treat multiple functions of challenging behavior. Behavior Modification, 37(6), 723-746.

Gerhardt, P.F., Weiss, M.J., Delmolino, L. (2004). Treatment of severe aggression in an adolescent with autism: non-contingent reinforcement and functional communication training. The Behavior Analyst Today, 4(4), 386-394.

Hart Barnett, J. (2018). Three Evidence-Based Strategies that Support Social Skills and Play Among Young Children with Autism Spectrum Disorders. Early Childhood Education Journal., 46(6), 665–672.

Harvey, Shane T et al. (2009). Updating a Meta-Analysis of Intervention Research with Challenging Behaviour: Treatment Validity and Standards of Practice. Journal of Intellectual & Developmental Disability, 34(1), 67–80.

Lovaas, I., Newsom, C., & Hickman, C. (1987). Self-stimulatory behavior and perceptual reinforcement. Journal of Applied Behavior Analysis, 20(1), 45–68. http://doi.org/10.1901/jaba.1987.20-45

Maag, John W. (2001). Powerful Struggles: Managing Resistance, Building Rapport. Longmont, CO: Sopris West Educational Services.

Mancil, G.R. & Boman, M. (2010). Functional communication training in the classroom: a guide for success. Preventing School Failure, 54(4), 238-246.

Martínez-Pedraza, F. de L., & Carter, A. S. (2009). Autism Spectrum Disorders in Young Children. Child and Adolescent Psychiatric Clinics of North America, 18(3), 645–663. http://doi.org/10.1016/j.chc.2009.02.002

Moes, D.R., Frea, W.D. (2002) Contextualized behavioral support in early intervention for children with autism and their families. J Autism Dev Disord, 32(6), 519-33.

Moyes, Rebecca A. (2002). Addressing the Challenging Behavior of Children with High-Functioning Autism/Asperger Syndrome in the Classroom. Philadelphis, PA: Jessica Kingsley Publishers.

Myles, Brenda Smith, & Southwick, Jack (2005). Asperger Syndrome and Difficult Moments: Practical Solutions for Tantrums, Rage, and Meltdowns. Shawnee Mission, KS: Autism Asperger Publishing Co.

Raulston, T., Hansen, S., Machalicek, W., McIntyre, L., & Carnett, A. (2019). Interventions for Repetitive Behavior in Young Children with Autism: A Survey of Behavioral Practices. Journal of Autism and Developmental Disorders., 49(8), 3047–3059.

Rao, Shaila M., Gagie, Brenda. (2006). Learning through Seeing and Doing: Visual Supports for Children with Autism. Teaching Exceptional Children, 38(6), 26-33.

Rispoli, M., Camargo, S., Machalicek, W., Lang, R., Sigafoos, J. (2014). Functional communication training in the treatment of problem behavior maintained by access to rituals. Journal of Applied Behavioral Analysis, 47, 580-593.

Stichter, J. P., Randolph, J. K., Kay, D., & Gage, N. (2009). The use of structural analysis to develop antecedent-based interventions for students with autism. Journal of Autism and Developmental Disorders, 39(6), 883-96.

Wacker, D.P., Schieltz, K.M., Berg, W.K, Harding, J.W., Dalmau, Y.C.P., Lee, J.F. (2017). The long-term effects of functional communication training conducted in young children's home settings. Education and Treatment of Children, 40(1), 43-56.

Wagner, Sheila (1998). Inclusive Programming For Elementary Students With Autism. Arlington, TX: Future Horizons, Inc.

Índice

- Alteración del ambiente, 54
- Análisis aplicado de conducta (ABA), 16, 22 - 23, 28 - 29
- Análisis de tareas, 90, 140
- Antecedentes, 29 - 38
- Atención conjunta, 104
- Autoestimulación, 80
- Bloqueo, 78
- Conducta autolesiva, 74-77, 78
- Conducta, 16, 28-35
- Conductas repetitivas, 80
- Consecuencia, 29 - 45
- Decir, mostrar, hacer (ayudas en tres pasos), 68
- Economía de fichas, 70, 136
- Emparejamiento, 86
- Enseñanza naturalizada, 88
- Enseñar a pedir (entrenamiento de mandos), 106
- Enseñar conductas positivas (reforzamiento diferencial de conductas alternativas), 72
- Estereotipia, 80
- Estrategias proactivas, 49-63
- Estrategias reactivas, 65-81
- Extinción, 23, 74-77
- Fácil, fácil, difícil, (momento conductual), 60
- Fuga, 78
- Funciones de la conducta, 33-39
- Generalización, 100
- Habilidades adaptativas, 88, 90, 96, 98, 100, 142
- Habilidades de juego, 86, 98, 102, 104
- Habilidades motoras, 96, 98, 100
- Habilidades sociales, 86, 96, 98, 100, 102, 104
- Habilidades verbales, 88, 96, 98, 100, 104, 106, 130
- Modelado, 98
- Moldeamiento, 96
- Ofrecer opciones, 62
- Priming, 56
- Reforzamiento, 40-45
- Repetición de vocalizaciones, 80
- Seguimiento de instrucciones, 58, 60, 62, 68

- Sí ..., entonces ... (Principio de Premack), 58
- Síndrome de Down (DS), 19
- Solución de problemas, 92-95
- Trastorno del espectro autista (TEA), 16-18
- Trastorno obsesivo-compulsivo (TOC), 21
- Trastorno por déficit de atención e hiperactividad (TDAH), 20

www.ingramcontent.com/pod-product-compliance
Lightning Source LLC
Chambersburg PA
CBHW061806290426
44109CB00031B/2951